U0118727

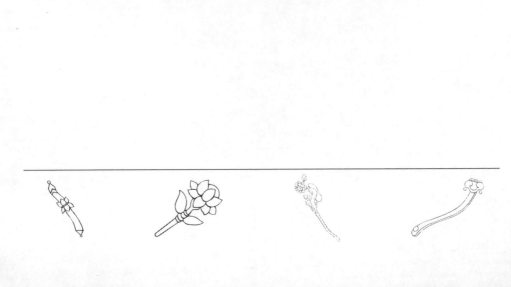

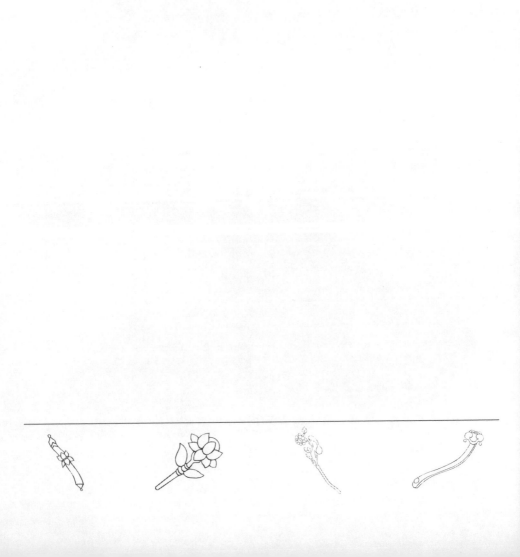

佛教百科

【禪宗卷】

教外別傳宗法世代相承

不立文字燈錄千年流傳

潘桂明◎著

【前言】

　　禪宗是中國佛教宗派之一，且是其中最有生命力的一派；迄今為止，它仍然代表著中國佛教的主流。禪宗的成立，以士族政治經濟的削弱和傳統佛教思想的挫折為背景；面對傳統佛教的危機，禪宗在佛教界內部發起思想變革的運動。在特定歷史條件和社會環境下，禪宗以固有生產方式和老莊思想學說為依托，藉助大乘經典如來藏佛性理論，提倡心性「本覺」思想，強調主體精神的自覺，破除各種它力信仰，予沉悶已久的佛教界以有力衝擊。

　　禪宗的實際創始者是慧能大師。菩提達摩及其弟子們實行的楞伽師禪屬於禪宗的準備階段，道信和弘忍提倡的「東山法門」是向禪宗的過渡形態。早期禪宗思想和實際以慧能說法集錄《壇經》為主要標誌，其後經歷了不斷激烈放縱的過程。遲至唐末五代，禪門五家七宗相繼成立，叢林各路豪傑紛紛登台獻技，捧喝聲中超佛越祖；禪宗思想學說精彩紛呈，禪宗言行風格異花競放，進入百家爭勝的全盛時期。自宋代理學思潮興起以後，禪宗思想在理學制約下趨於衰退，禪宗的社會影響也逐漸受挫。

　　禪宗具有獨特的思想體系，個性顯明，不屑流俗。在禪宗廣泛傳播的歷史過程中，其思想學說不僅為陸九淵、王守仁等學者吸收改造，形成理學中的心學系統；也還對民族文化產生深遠而悠久的影響，唐以後的詩歌散文、繪畫藝術中可以隨處見其蹤跡。

　　對禪宗及其思想的歷史地位要作出全面評價是十分困難的事情。本書對於禪宗及其思想的基本觀點進行了一番知識性介紹，使普通讀者在閱讀本書後，能對佛教禪宗得到一定程定的了解。

【目錄】CONTENTS

【目錄】
CONTENTS

何謂「禪」？

「禪」是梵語「禪那」的略稱，意譯為「靜慮」、「思維修」，是印度各種教派普遍採用的一種修習方式，在佛教思想中具有特殊重要的意義。其淵源是印度婆羅門教的經典《奧義書》中所講的「瑜伽」。「瑜伽」即靜坐調心，制御意志，超越喜憂，體認「神我」，以達「梵」的境界。

據佛典《俱舍論》、《瑜伽師地論》的解釋，認為透過「心注一境」、「正審思慮」的習禪，可以有效地制約個人內部情緒的干擾和外界慾望的引誘，使修習者的精神集中於被規定的觀察對象，並按照被規定的方式進行思考，以對治煩惱，解決去惡從善、由癡而智，由「染污」到「清淨」的轉變。禪的修習也可以使信仰者從心緒寧靜到心身愉悅安適。

佛教大、小乘的禪並不相同。小乘禪按修習層次，分為四種，即所謂「四禪」、「四靜慮」。它們是：初禪、二禪、三禪、四禪。初禪的思維形式是「尋」（尋求、覺）、「伺」（伺察、觀）；由尋、伺的作用而厭離「欲界」（具有食慾和淫慾的眾生所居之處），進而產生喜、樂的感受。二禪的思維形式是「內等淨」，因進一步斷滅以名言文字為思慮對象的「尋」、「伺」作用，形成內心的信仰，故名；由此獲得勝於初禪的「定生喜樂」。三禪的思維形式是「行

捨」（非苦非樂）、「正念」（正確的思維）、「正知」（正確的智慧活動）；捨去二禪所得的喜樂，住於非苦非樂之境，並以正念、正知修習，獲得「離喜妙樂」的感受。四禪的思維形式是「捨清淨」、「念清淨」；捨棄三禪所得妙樂，唯念修養功德，由此獲得「不苦不樂」的感受。中國佛教早期流行的小乘禪法主要為安世高介紹的「安般守意」法。「安般」指出入息，即呼吸，「守意」指專注一心。它是用數息的方法，令浮燥不安的散亂之心平靜下來，同當時道教神仙術中的呼吸吐納，醫學健身中的氣功，有很多相似之處。

大乘佛教擴大了禪的範圍，不再拘泥於固定的靜坐形式。大乘禪的種類頗多，最主要的是念佛禪和實相禪。念佛禪的代表是「般舟三昧」。「般舟」意為念佛，「三昧」意為定。認為藉助智慧，專心觀想佛的三十二種相、八十種好，可使十方諸佛展現在眼前。「實相」，指事物的本相，即空；實相禪是把禪法和

空觀聯繫起來，即在禪觀中既要看到一切事物的空性，又要看到一事物的作用。實相禪是把禪法作為悟證大乘般若理論的方法。

鳩摩羅什來到長安，受弟子僧叡之請，編譯出《禪密要法經》，倡導五門禪觀，認為應針對學者的具體情況而採取相應的禪法。如貪慾重的人應修「不淨觀」，即在禪中觀想人身內外充滿污穢，堅定出家修行的決心；瞋恚重的人應修「慈悲觀」，即在禪中觀想眾生可憐之相，產生愛護和憐憫之心；愚癡重的人應修「因緣觀」，即在禪中觀想十二因緣，放棄對人生的執著；散亂心重的人應修「數息觀」，即在習禪時專心計數呼吸次數，可克服浮躁不安；一般人應修習「念佛禪」，即在習禪時一心觀想佛陀的美妙莊嚴之相，使佛相現立於前。鳩摩羅什對大小乘禪法的融貫，對後來中國佛學影響很大；在中國佛教中發生重大影響的，正是這種禪觀與空觀的貫通。

禪在小乘佛教中被視為「三學」（戒、定、慧）之一，相當於「定學」，在大乘佛教中則被看作「六度」（佈施、持戒、忍辱、精進、禪那、智慧）之一，是由此岸世界到彼岸世界的重要途徑。中國佛教學者通常把「禪」和「定」合稱「禪定」，其含義比較廣泛。事實上，這是不確切的，因為「禪」只是「定」的一種。禪主要是一種修習方式，與作為宗派的禪宗是兩個不同的概念，但唐代宗密在《禪源諸詮集都序》中曾把「禪那」作「定慧」解釋，並轉義為禪宗的「禪」，而禪宗學者又主張以禪定來概括佛教的全部修習，所以「禪」與「禪宗」便有了某種必然的聯繫。

◀ 古印度波羅王朝時期的青銅釋迦牟尼坐像。佛教初興時期，借鑑吸收了古印度其他宗教的很多內容，包括坐禪在內的修行方法。

▼ 浙江天台山的僧人正在靜坐修行。

何謂「禪宗」？

「禪宗」是中國佛教的重要宗派。印度佛教只有禪而沒有禪宗，禪宗是純粹中國佛教的產物，它因主張用禪定概括佛教的全部修習而得名。又因自稱「傳佛心印」，以覺悟所謂眾生心性的本源（佛性）為主旨，所以也稱「佛心宗」。

南北朝時期，佛教學派形成，以研究和修習禪法為目的，禪學內部已出現各種派別。隋唐時期，在學派發達的基礎上，宗派紛紛建立，禪宗作為隋唐佛教宗派之一逐漸嶄露頭角，並在發展過程中最終取代其他各宗地位，成為中國佛教史上流傳最久遠，影響最廣泛的宗派。

相傳菩提達摩從南印度來到北魏，提出一種新的禪定方法，開創出全新的禪學派別。達摩自稱「南天竺一乘宗」，以四卷本《楞伽經》傳授弟子，主張「理入」和「行入」並重，即把宗教理論的悟解和大乘禪學的修行加以結合，達摩把他的這種禪法傳給了慧可，慧可又傳給了僧璨。

但由於受北方其他禪學派別的抵制，達摩禪直至僧璨時仍未有發展的機會。後來僧璨傳道信，道信傳弘忍，這一時期達摩禪獲得了初步發展。弘忍之後，分出神秀和慧能兩系，後來慧能一系勝過神秀一系，成為中國禪的主流，慧能也就成為禪宗的創始人，從達摩至慧能共經六代，故傳統舊說將達摩視為「初祖」，而把慧能說成「六祖」。

禪宗是隋唐眾多佛教宗派中的一派。在禪宗產生前後，還有天台宗、三論宗、唯識宗、華嚴宗、律宗、淨土宗、密宗等相繼成立。這些宗派，各自具有高度發展的寺院經濟、完整的教義教規、為固定的傳教區域以及嚴格傳承的法嗣制度。

慧能禪經其弟子神會等人的宣傳，在中唐以後的影響不斷擴大。此後，禪宗進入了百家爭勝、異花競放的繁榮發展階段。其中，南嶽懷讓、青原行思兩個系統尤為突出。懷讓傳馬祖道一，道一又傳百丈懷海。懷海後分出兩支，一支由黃檗希運傳臨濟義玄，形成臨濟宗；一支由潙山靈祐傳仰山慧寂，成立潙仰宗。青原行思傳石頭希遷，希遷下分出兩支，一支由藥山惟儼傳雲巖曇晟，曇晟傳洞山良价，良价傳曹山本寂，建立曹洞宗；一支由天皇道悟傳至雪峰義存，義存下又分出兩支，一支為雲門文偃，創雲門宗，一支由玄沙師備三傳至清涼文益，創立法眼宗。「五家禪」相繼建立。禪宗進入極盛時期。北

宋時，臨濟宗下又分出兩支，一為黃龍慧南的黃龍派，一為楊岐方會的楊岐派。嚴格意義上說，禪宗的全部特徵以及完整形象，在五家禪時期得以形成。直至今日，禪宗仍然是中國佛教的主要流派。

　　禪宗的基本著作《壇經》主要內容是慧能在韶州大梵寺所說法。《楞伽經》、《金剛經》、《大乘起信論》等對禪宗曾發生重要影響。禪宗的基本思想認為心性本覺、佛性本有，主張明心見性、見性成佛，強調不立文字、頓悟成佛，它不僅與包括神秀系統在內的以往禪學不同，也與中國其他佛教宗派不同，更

與印度佛教有別，禪宗雖以「禪」為名，但原則上反對坐禪，否認以坐禪為功德，斷言坐禪不能成佛。

　　西元八至九世紀，神秀和慧能兩系禪宗先後傳至朝鮮。宋末，中國禪僧有多人東渡弘法，先後將臨濟宗的黃龍派、楊岐派和曹洞宗傳入日本。十七世紀，福建黃檗山萬福寺隱元應邀赴日傳授禪法，開創黃檗宗。至今曹洞、臨濟、黃檗三宗仍在日本流傳不衰。

◀ 廣州六榕寺的禪宗六祖慧能銅像，鑄於北宋時期，法相莊嚴，為佛門珍物。

▲ 廣東韶關曹溪南華禪寺，該寺初創於南朝梁代，禪宗六祖慧能曾住持該寺。

▶ 《壇經》的不同版本。《壇經》是六祖慧能在韶州大梵寺所講，是禪宗的重要經典，也是唯一以「經」命名的中國人所著的佛教典籍。

「一葦渡江」是否實有其事？

據懷疑為偽經的《大梵王問佛決疑經》說，有一次大梵天王為使一切眾生得大利益，在靈鷲山以一枝金色的波蘿花獻給佛，請佛說法。釋迦牟尼佛應請登座，但沒有說一句話，只是手裡拿著波蘿花展示給與會大眾。當時在座弟子和護法諸天都對這一舉動表示罔惑不解。正在此時，站在釋迦身旁的摩訶迦葉默然神會，破顏微笑。

佛知道摩訶迦葉堪任大法，於是當眾宣佈：「吾有正法眼藏，涅槃妙心，實相無相，微妙法門，付囑與摩訶迦葉。」這一傳說具有很濃的神話色彩。但禪宗認為，佛在靈山會上「拈花示眾」，是要弟子們領會佛教的根本精神，迦葉破顏微笑則是暗示他得了佛陀思想的真髓。因而，這種「以心傳心」的無言之道被禪宗視為「教外別傳」，而迦葉也就列為西土第一

代祖師。這樣，禪宗的淵源便可以直接上溯到釋迦牟尼，在與其他各宗的對抗中處於有利地位。

類似的神話不斷出現。據說，當「正法眼藏」（普照一切的根本佛法）由第二十七祖般若多羅傳給第二十八祖菩提達摩時，般若多羅對他說，希望你在我滅度以後六十年，將此正法眼藏傳到中國去，普利眾生。並送達摩詩偈一首，云：「路行跨水復逢羊，獨自棲棲暗渡江。日下可憐雙象馬，二株嫩桂久昌昌。」這首詩偈暗含了對未來的預言，尤其是前兩句，「跨水」暗指達摩將渡海東行，「逢羊」則預言他將在廣州登岸，「渡江」說的便是去北方傳法。於是，南印度僧菩提達摩秉承般若多羅遺訓，於梁武帝普通年間（五二〇～五二六年）航海東來，抵達南海（今廣州）。當時南海刺史蕭昂予以熱誠歡迎，並上表梁武帝。梁武帝蕭衍派人專程迎達摩至建康（今南京）。

梁武帝對佛教很感興趣，在位時致力於建寺、寫經、度僧、造像，所以一見到達摩便問：「我做了這些事，有多少功德？」達摩卻說：「無功德。」梁武帝又問：「何以無功德？」達摩答道：「這些是有為之事，不是實在的功

德。」梁武帝再問：「如何是聖諦第一義？」達摩答：「廓然無聖。」達摩見機緣不契，就決定離建康北上。記載這個傳說的最古文獻是敦煌本佚名《歷代法寶記》和唐宗密《圓覺經大疏鈔》，後來宋代佛果圓悟禪師《碧巖錄》把它作為第一則「頌古」流傳。此後，它便成為禪門眾所周知的公案了。

據傳，達摩離開宮廷後，梁武帝把他與達摩的問答告知了他的師父志公禪師。志公聽後，對梁武帝說，達摩的開示好極了，他便是觀音菩薩乘願再來，傳佛心印。梁武帝深感懊悔，當下派人追趕達摩。達摩正走到江邊，回頭忽見一隊人馬趕來，於是隨手折一枝蘆葦，擲於江中，腳踏蘆葦，悠然渡江北去。這就是著名的「一葦渡江」故事。後代文人常以此故事作為詩畫的題材，在民間廣為傳播。

正如「拈花示眾」、「跨水逢羊」等傳說缺乏史料的真實可信性一樣，「一葦渡江」也只是出於後代禪僧們的想像。

胡適在《菩提達摩考》一文中說：「我們剔除神話，考證史料，不能不承認達摩是一個歷史的人物，但他的事跡遠不如傳說的那麼重要。」在唐代道宣所著《續高僧傳》中，「全無達摩見梁武帝的事，也沒有折葦渡江一類的神話，可見當七世紀中葉，這些謬說還不曾起來」（《胡適文存三集》卷四）。事實上，流傳下來的有關達摩生平事跡和禪法思想的記載，大部分出自後世禪僧們的虛構。作為歷史人物的達摩，今日所存最可為據的是楊衒之的《洛陽伽藍記》和道宣的《續高僧傳》。

梁武帝

梁武帝姓蕭，名衍，字叔達，為南北朝時期南梁的第一代皇帝。他篤信佛法，稱帝後下詔宣佈佛教為國教。此後，他曾四次捨身佛寺，並常設無遮大會、平等大會、盂蘭盆會。相傳他曾詔見菩提達摩詢問禪要，又親受菩薩戒，法名冠達。梁武帝廣建寺塔，僅在建康一地就建佛寺五百餘所、僧尼十餘萬人。佛教在這一時期進入極盛時代。梁武帝是神不滅論的鼓吹者。平素謹守戒律，日僅一食，食止一蔬，世稱皇帝大菩薩。西元五四九年，部將侯景起兵反叛，攻陷建康，餓死於台城。

◀ 河南嵩山少林寺達摩石刻像。菩提達摩，南天竺人，禪宗第二十八祖。他於嵩山少林寺面壁九年，傳衣缽於慧可。
▶ 金背光銀菩薩像。

達摩曾在少林寺「面壁九年」嗎？

　　據傳，菩提達摩由南印度飄洋過海，來到中國南方，因與梁武帝見解不合，大失所望，於是折葦渡江，進入北魏境內。隨後他在洛陽、嵩山一帶遊歷並傳授禪法。

　　達摩弟子曇林在《菩提達摩略辨大乘入道四行》的「序」中說，達摩其人「冥心虛寂通鑑世事，內外俱明德超世表，悲誨邊隅正教陵替，遂能遠涉山海游化漢魏，忘心之士莫不歸信」。認為其禪法的一大特色是「安心」，「安心」的內容是「壁觀」。所謂「壁觀」，即心如壁立，並非面對牆壁而「觀」。道宣《續高僧傳》也說，達摩的禪法是「凝住壁觀，無自無他，凡聖等一；堅住不移，不隨他教；與道冥符，寂然無為」。認為透過「壁觀」，可達到「與道冥符」即自身與真如佛性相契合的目的。宗密《禪源諸詮集都序》指出：「達摩以壁觀教人安心，外止諸緣，內心無喘，心如牆壁，可以入道」。「安心」是指安心於「道」；「外止諸緣」指完全停止對外在世界的認識；「內心無喘」指連自己的呼吸也感受不到。這就是後世所說的「面壁靜觀」。「面壁」並不一定面對牆壁，主要指入禪時的心理、精神狀態；「靜觀」指對「理」的悟入。達摩根據《楞伽經》如來藏佛性思想，認為眾生本具佛性，與佛同一真性，只要凝心壁觀，摒除雜念，由定發慧，便可證悟如來藏佛性，進入佛的境界。

在較早的歷史記載中，還未出現達摩曾在少林寺「面壁九年」之說，曇林序文只說達摩「遠涉山海，遊化漢魏」；道宣《續高僧傳》也只說他「北渡至魏，隨其所止，誨以禪教」，「遊化嵩洛」，且以「遊化為務，不測於終」。而少林寺是北魏孝文帝為佛陀禪師（即佛陀扇多）所建的寺廟，佛陀為該寺第一任住持。繼佛陀任住持的是僧倜。達摩禪與佛陀、僧倜一系的禪在當時是水火不相容的，故達摩不可能在少林寺「面壁九年」，所謂「面壁九年」的傳說也純屬後人的作偽。北宋撰成的《景德傳燈錄》說，達摩北渡後，「寓止於嵩山少林寺，面壁而坐，終日默然。人莫測之，謂之壁觀婆羅門」（卷三）。不久，在《碧巖錄》中便寫作「達摩至彼，亦不出見，直過少林，面壁九年，接得二祖。彼方號為壁觀婆羅門」（卷一）。後人便作對聯曰：「一葦渡江何處去，九年面壁彼人來。」所以胡適斷言，「所謂少林寺面壁的故事乃是後人誤把少林寺佛陀的故事混作達摩的故事了」

（《菩提達摩考》）。其原因，主要是因為禪宗後來取得優勢地位，為了進一步擴大影響，理所當然地把當時頗具名聲的少林寺列為祖庭；自然，達摩壁觀也應當在少林寺進行了。

時代愈後，傳說也愈離奇。有說在少室山的五乳峰上有一達摩洞，達摩曾在那裡面壁九年，連小鳥在肩上築巢都沒有察覺。

在某些史書中，還有「隻履西歸」的傳說。達摩去世後，弟子們將其遺體葬於熊耳山（今河南陝縣）。三年後，北魏人宋雲奉命出使西域，在回國途中遇達摩於蔥嶺，只見他手攜隻履翩翩獨逝。宋雲問他：「何處去？」答道：「去西天。」後來有人掘開他的墳墓，發現棺內只有一隻鞋，可見他真的「西歸」印度了。

◄ 少林寺建於北魏孝文帝太和十九年（四九五年）。圖為少林寺山門，它是一座歇山式建築。山門上懸一匾，匾上「少林寺」三字為清代皇帝康熙所書。

▲ 達摩洞位於少林寺西北約二公里的五乳峰，傳說達摩曾在此洞面壁九年，其身影也因此神奇地印在了洞壁上。

慧可「立雪斷臂」說明什麼？

慧可，一名僧可，俗姓姬氏，虎牢（今河南滎陽）人。四十歲時遇達摩遊化嵩洛，一見而生敬畏之心，便奉以為師。他被稱作東土「二祖」。

在《續高僧傳》（卷十六）中，道宣曾記述慧可「遭賊斫臂」的事實。說他「遭賊斫臂，以法御心，不覺痛苦。火燒斫處，血斷帛裹。乞食如故，曾不告人」。同樣的遭遇還落在他的同伴法林身上。「林又被賊斫其臂，法號通夕。可為治裹，乞食供林」。這一事實不久便在禪宗某些史籍中變了樣。唐智炬《寶林傳》載法琳所撰《慧可碑》文，說慧可在向達摩求法時，達摩告訴他：求法的人，應不以身為身，不以命為命。於是慧可便立雪數宵，雪至齊腰，並且斷己左臂以示決心，由此獲得達摩的「安心」法門。這樣，「立雪斷臂」就成為禪宗著名故事流傳下來。後來的一些重要史籍如《楞伽師資記》、《傳法寶記》、《景德傳燈錄》、《傳法正宗記》等，多承襲《寶林傳》之說，進而使慧可「立雪斷臂」求法的傳說長期為一般禪家傳誦。甚至連正史《舊唐書》（卷一九一）也因襲該說，謂「慧可嘗斷其左臂以求其法」。

在《續高僧傳》（卷十六）中確有類似「立雪」的記載，但那是發生在一個名叫慧滿的和尚身上。說是貞觀十六年（六四二年），「一衣一食，住無再宿」的慧滿，某日於洛州南會善寺側，夜「宿柏墓中，遇雪深三尺」。可以看出，慧可的「立雪」實際上是對慧滿「柏墓遇雪」的附會。至於「自斷左臂」，則顯然是對「遭賊斫臂」的改篡。

慧可（以及法林）「斷臂」說明了什麼？我們認為，它從一個側面反映了達摩禪在初期傳播階段所面臨的困境。達摩自稱「南天竺一乘宗」，是以四卷本《楞伽經》為宗旨，來中國傳播印度大乘佛教禪學。這種禪法與當時北中國所行的各類禪學、尤其是以宗教實踐為根本的僧稠一系禪學不同，矛盾鬥爭十分激烈。道宣曾評述達摩禪和僧稠禪的區別，說：「觀彼兩宗，即乘之二軌也。稠懷念處，清范可崇；摩法虛宗，玄旨幽賾。可崇則情事易顯，幽賾則理性難通。」（《續高僧傳‧習禪篇》）僧稠實踐的是長期在北方流行的以「四念處」法為中心的禪法，而達摩則實行大乘空宗的禪法。四念處法，觀身不淨、觀受是苦、觀心無常、觀法無我，層次清楚，對象明確，道理淺顯，只要有虔誠的信仰和堅定的意志便可實行。大乘空宗禪法，以法性為宗，以無分別智、無所得心悟入實相，並依此理入禪。這種禪法，除了虔誠的信仰和堅定的意志，還要有高度的直覺悟解能力，只有「上根利器」才可領受，對於一般信徒來說，確實「理性難通」。宗密說：「達摩所傳者，頓同佛體，迥異諸門，故宗習者難得其旨。得即成聖，疾證菩提；失即成邪，速入塗炭。」（《禪源諸詮集都序》）差異這樣大的兩個禪學派別在中原地區相遇，勢必發生衝突。所以，慧可、法林遭斫臂（又傳說達摩也曾數次遇毒，幸得命大未果），大概都與此有關。

僧稠從僧實出家，從道房學禪，後入少

▲ 少林寺立雪亭。立雪亭原名達摩亭，是一座小巧玲瓏的單簷廡殿式建築。殿內神龕中供禪宗初祖達摩、二祖慧可、三祖僧璨、四祖道信、五祖弘忍像。額懸清乾隆帝御書橫匾「雪印心珠」。

林寺詣祖師佛陀。佛陀對他的禪學給予極高評價，認為「自蔥嶺以東，禪學之最。汝其人矣」。此後，他受北魏孝明帝、孝武帝的禮遇。入北齊，又受文宣帝的詔請，並為其建雲門寺以居，「供事繁委，充諸山谷」。僧稠一系的禪取得「獨盛」的地位。這一盛況，與達摩、慧可形成明顯對比。史載慧可「流離鄴、衛，亟展寒溫，道竟幽而且玄，故末緒卒無榮嗣」。達摩禪法在當時處於蕭索狀態，沒有受到社會的歡迎，尚未獲得發展的機會。

不僅其他禪學派別反對達摩禪，就是文學之士也「多不齒之」，致使「滯文之徒，是非紛舉」。在上述背景下，慧可被人斫臂是可以理解的。後世禪僧為了掩飾這一既成事實，便移花接木，將「遭賊斫臂」說成了「自斷左臂」。

何謂「東山法門」？

四祖道信長住湖北黃梅西北三十多里的破頭山（雙峰山），他的弟子五祖弘忍在與此相距不遠的馮茂山，繼承和發揚道信禪學，因馮茂山位於雙峰山東，所以他的禪學被時人稱為「東山法門」。

東山法門是以道信的禪學為基礎，事實上包括了道信、弘忍兩代禪師的禪學。弘忍曾三十年不離道信左右，盡得道信禪法思想精華。據載，則天皇后曾問弘忍弟子神秀：你所傳的禪法，出自誰家的宗旨？神秀明確回答說，我稟受的是蘄州「東山法門」。可見，東山法門在當時顯然是頗具影響的。

那麼，「東山法門」的內容包括哪些呢？據《楞伽師資記》說，它有兩個要點：一是「依《楞伽經》，諸佛心第一」，二是「依《文殊說般若經》，一行三昧」。這就是說，東山法門仍然持奉《楞伽經》，並強調要依該經所說「佛語心第一」來重視「心」。「心」在經中的原義指「樞要」、「中心」，並非指人心，把「心」作為人心解，意在使信徒專門向內心用功，安心修習。道信又吸收當時流行的某些經典思想，解「念心」為「念佛」，進而把念佛法門也融和到他們的思想體系中去，並由此進而提出「一行三昧」。

「一行三昧」是「東山法門」的核心。「一行」即「一相」，指法界一相，「三昧」即三摩地、定。以一相為三昧的境界，即以法界為所繫緣（聯繫、發生關係）的對象。法界則無所不包，平等不二，無差別相。怎樣才能入此三昧呢？根據《文殊說般若經》，認為在行這種三昧之前，先要學習般若波羅蜜（到達彼岸

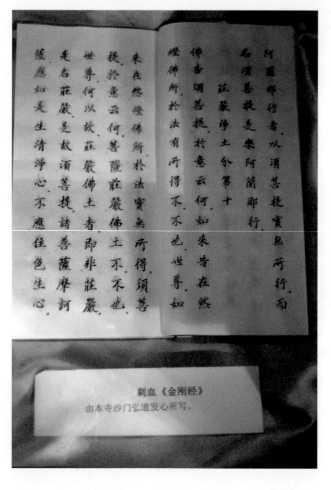

刺血《金剛經》
由本寺沙門弘道发心所写。

的特殊智慧）。按照經上所說的去修習，領悟法界無礙無相的道理，然後端身正向，系心一佛，專稱佛名，唸唸相續，便能於念中見到三世所有佛。所以，「一行三昧」實際上是唯心念佛和實相念佛的結合。念佛是安心、入道的方便（手段）。透過唯心念佛，得知「離心別無有佛」，以致身心方寸、一切施為舉動，都是菩提道場。透過「端坐念實相」的實相念佛，可證得法界實相之理，達到與佛一如的境界。

道信的「一行三昧」說，在融合唯心念佛和實相念佛的同時，強調明淨之心和實相之悟，把《楞伽經》的如來藏佛性思想和《般若經》的般若學說予以溝通。道信受般若學說啟發，進而把達摩禪的「安心」說修改為「亦不捉心，亦不看心」，提出「直任運」的自由放達的修禪方法。任運自然的思想雖在《楞伽經》中能找到出處，但這一思想只有在與般若學說結合之後，才被禪學界所重視。後來禪宗的洪州禪一系尤其強調這一點。

慧能以後，《楞伽經》在形式上逐漸退居次位，《金剛經》的地位不斷上升。這種歷史趨勢應溯源於東山法門。東山法門成為向慧能禪的過渡形態。

「東山法門」的形成，使達摩禪逐漸由嚴格的枯坐修禪和頭陀行守戒向自由活潑的形式發展。大大增強了對禪僧的吸引力，預示著禪學新局面的到來。道信曾在雙峰山集道俗五百餘人習禪，其規模為此前所未見。弘忍繼之，在馮茂山四十餘年「接引道俗，四方龍象歸依奔湊」（《歷代法寶記》）。達摩禪聲譽大振，漸漸壓倒其他各家禪學，並受到朝廷的密切注意。

◀ 廣東韶關曹溪南華寺所藏的刺血經書金剛經。金剛經全稱為金剛般若波羅蜜經，算得上是中國流通最廣、註疏最豐的佛教經典。禪宗以金剛經為立派之本。

▶ 唐代力士造像。古印度拘尸那城有力士之一族，佛陀入滅時，曾囑阿難讓力士為其抬棺槨。佛教的護法神金剛密跡亦稱金剛力士。

為何說慧能是禪宗的真正「創始人」？

按照傳統舊說，認為禪宗創始於北朝，其初祖為菩提達摩，但實際上它真正成為佛教宗派，應當看作從唐代開始。

佛教思想經過漢魏兩晉南北朝長時期的翻譯介紹階段，隋唐之前在社會上已產生廣泛影響，並形成很多學派，如「地論宗」、「攝論宗」、「成實宗」等，它們講授佛教的經、論，各有師承、家法。這一時期雖已有「宗」的稱號，但實際上仍是學派，它和漢儒經師傳授的方式相似，與後來隋唐時期的佛教宗派則不同。禪在南北朝也作為學派而存在，並在禪學內部又有各種流派的分歧。

後秦的鳩摩羅什編譯的《坐禪三昧經》、《禪法要解》等書，是對大、小

乘共七家禪法的成功綜合。在鳩摩羅什同時，禪學專家佛陀跋陀羅（覺賢）來華，先在長安與羅什共事，後因與羅什觀點不合，乃受慧遠邀請，入廬山，譯出《達摩多羅禪經》等，在南方頗有影響。自安世高介紹小乘「禪數之學」起，經過法護、羅什、覺賢等人的禪經翻譯和坐禪實踐，至南北朝初年，各種禪學流派已很發達。劉宋時，求那跋陀羅又譯出四卷本《楞伽經》，給禪學以新的啟示。該經把禪分為「愚夫所行禪」（指小乘及外道禪）、「觀察義禪」（觀法無我、人無我，指大乘禪），「攀緣如禪」（觀真如、實相），「如來禪」（指大乘最上禪）四種。後來宗密把禪分為外道禪、凡夫禪、小乘禪、大乘禪、如來最上禪五種，與此基本上類似。《楞伽經》不僅區分了大、小乘禪，而且提出了「如來禪」的概念，說它是「自覺智境」，是佛的內證境界，還反覆指出「依於義，莫著言說」、「離文字」的如實說法。這一思想便成為達摩禪的重要依據。

北方禪學一向比較發達，北魏時期更是如此。在達摩同時或稍後，北方出現一位深有影響的禪師僧稠。僧稠是佛陀禪師弟子道房的再傳，後來又曾直接受學於佛陀。佛陀除傳道房外，還傳慧光，他所傳授的是與達摩不同的傳統小乘禪法。北方另一禪師玄高的禪則多神異色彩，具仙道趣味。

達摩的禪，只是當時流傳的許多家禪中的一家；他的禪學，是作為當時並行的學派之一而傳承下來的。事實上，他的禪學因客觀條件的制約而局限於師徒數人的傳授，影響不大。達摩之世，尚未具備宗派形成的基本條件。直至五祖弘忍，達摩禪仍然作為一種學派而流傳，但在道信、弘忍時，達摩禪的力量已有了長足的發展，已開始建立起自己的寺院，有了相對穩定的傳播區域，禪學思想也已有了顯著的變化。

歷史上的禪宗，雖說與達摩禪有思想上的某種繼承關係，在法統上也有血脈之情，但它的根本思想無疑是由慧能直接奠定下來的。達摩禪沒有頓悟的內容，也沒有否認坐禪的要求，本質上仍然是印度禪的翻版。慧能禪宗與傳統意義上的禪以及南北朝各家禪學有原則區別，它是中國人以自己的思想方式和生活方式建立起來的。

從達摩到弘忍，這五代法裔相傳的過程，可以看做禪宗的預備階段，也可稱為禪宗的先驅。禪宗是中國佛教運動的產物，是隋唐時期陸續形成的眾多佛教宗派中的一派。慧能時代，禪宗建立的主客觀條件開始成熟。那時候，在統治者大力扶值下，寺院經濟迅速壯大，為以寺院為據點的宗派活動提供了物質條件；禪的傳播區域不斷擴大，其影響及於大江南北；以慧能禪法思想為中心的宗教哲學迅速為廣大禪僧和世俗人士接受，進而，一個以共同利益為目的、以統一思想為教義的新的僧侶集團便脫穎而出。

◀ 唐代十一面觀音頭像，因頭冠上還有十個小觀音頭像，因而被稱為十一面觀音。玄奘所譯十一面經曰：「其像作十一面，當前三面作慈悲相，左邊三面作嗔怒相，右邊三面作白牙上出相，當後生一面作暴惡大笑相，上一面作佛面，像諸頭冠中皆作佛身」。

▼ 禪宗六祖慧能真身。唐開元二年（七一三年），祖慧能大師圓寂於新州（廣東新興縣）國恩寺。弟子們迎慧能遺體至廣東曹溪南華寺供奉至今。

何謂「北宗禪」？

　　「北宗禪」即「禪宗北宗」，是唐代以神秀為主要代表的一派禪學。由於主要活動於北方嵩洛地區，所以被名為「北宗」。

　　達摩禪傳至四祖道信、五祖弘忍，由於「東山法門」的確立，勢力漸大，影響漸廣。唐高宗咸亨五年（六七四年），弘忍死後，東山法門內部因思想分歧，出現重大分裂。在武則天、唐中宗的支持下，弘忍大弟子神秀、道安、玄賾等人繼續實行和宣傳以循序漸進的修行為特色的禪法，與慧能在南方所傳授的以頓悟為根本的禪法形成對立。「北宗」，通常僅指神秀一系的禪法傳承，但廣義地說，應指當時在北方流傳的與神秀系類似的各家禪法。

　　據敦煌卷子《楞伽師資記》的記載，弘忍在去世前曾對弟子玄賾說，以後可以傳我禪法的有十人，他們是：上座神秀、資州智詵、白松山劉主簿、華州慧藏、隨州玄約、嵩山老安、潞州法如、韶州慧能、揚州高麗僧智德、越州義方。這些弟子後來各自傳法，但大部分傳承不明，禪法湮滅無聞，只有慧能和神秀二系最為清楚。

　　北宗神秀系的禪學，忠實地繼承道信和弘忍的衣缽，屬於保守的一類。弘忍曾感歎地說：「東山法門，盡在秀矣。」神秀也直言不諱地承認，他稟受的是蘄州的「東山法門」。

　　神秀禪法作為禪宗北宗的主脈，在安史之亂前曾達到它的鼎盛，有「嵩岳漸門盛行於秦洛」、「兩京之間皆宗神秀」之說，其影響在當時遠比慧能大。《景德傳燈錄》列神秀得法弟子有十九人，如普寂、義福、景賢等都在當時享有盛名。此外，河中府安國院智封、鄆州大佛山香育、兗州東嶽降魔藏禪師也都曾拜神秀為師。神秀先受武后禮遇，為之在當陽置度門寺，於尉氏置報恩寺。後又受中宗器重。普寂是神秀的大弟子，中宗聞神秀年高，特下制令普寂代神秀統其法眾，他就是著名的「大照禪師」。據說普寂門徒有一萬之眾，僅「升堂者」便有六十三人。普寂傳廣德、法玩、同光、一行；廣德又傳曇真；曇真傳「十哲」，密宗大師惠果幼年時也曾從曇真「立志習經」。曇真歷唐玄宗、肅宗、代宗三朝，被禮為

「國師」，因而稱「三朝國師」。這一系的傳承略與唐室相始終。

開元年間，密宗大師金剛智、善無畏、寶思惟等紛紛來華傳授密教，義福和普寂弟子一行都曾師事金剛智、善無畏，景賢也曾從善無畏受菩薩戒羯磨儀軌，諮問大乘微妙要旨。神秀禪法在這時已開始與密宗逐漸融合。另一方面，慧能弟子神會於安史之亂前後在北宗中心區域洛陽發起挑戰，攻擊北宗禪法，給神秀、普寂禪法以重大打擊。安史之亂後，北宗逐漸失去大部份寺院的有力支持，雖其法脈又延續了一百餘年，但畢竟已走向衰落。唐武宗會昌五年（八四五年）滅佛事件後，北宗更是一蹶不振。

被譽為「定門之首」的弘忍另一弟子法如，奉持弘忍計十六年，弘忍去世後，他先在淮南，後至洛陽，最後長住於少林寺傳授禪法。法如弟子有惠超、妙思、奇拔、遠契、無縱等，也都持《楞伽經》「以為心鏡」。他的風格是守本全樸，棄世浮榮；外藏名器，內治玄功；對問辭簡，窮精入微，與神秀禪法既有共同性又不完全一致。

道安（老安）也曾先後從學弘忍近二十年。他的弟子有破灶墮、嵩都圓寂、淨藏、義琬等。這一派禪法摻雜有神秘、直覺的契印法，或逍遙弗羈，或放曠郊廬，多神怪之行，或兼通南北宗禪學，或提倡念佛禪，故也不盡同於神秀禪法。

◀ 湖北黃梅四祖禪寺，禪宗四祖道信曾在此駐錫。道信首倡「農禪並重」，使當時的禪宗僧人由當初托缽乞食的「印度禪」逐漸轉變為建寺安僧、自食其力的「中國禪」。

▲ 四祖寺毗盧塔，唐永徽二年（六五一年），四祖道信圓寂於此塔。塔高約十五公尺，仿木結構，磚石砌成，重簷亭式，略成正方形。

何謂「南宗禪」？

　　「南宗禪」即「禪宗南宗」，指由慧能創立的那一派禪法。因初期流行於南方，同時為與北方神秀系的「北宗禪」相區別而得名。安史之亂後，慧能一派禪法勢力日益擴大，逐漸取代北宗地位，成為中國禪宗的主流。所以，後世論禪，往往把禪宗直接等同於南宗。說到「南宗禪」，也便是指慧能禪法。

　　「南宗」一語，早在慧能弟子神會的著作中已出現，敦煌卷子中有獨孤沛所集《菩提達摩南宗定是非論》一種，記神會踞師子座說：「菩提達摩南宗一門，天下更無人解。」在另一卷子《南陽和尚頓教解脫禪門直了性壇語》中，神會又說：「普寂禪宗與南宗有別。我自料簡是非，定其宗旨。」可見，神會所謂的「南宗」，便是慧能和神會自己相傳的這一派禪；既然有此南宗，與之對立的神秀、普寂禪法理所當然地成了「北宗」。此後，在宗密的一系列禪學著作中，便始終以南、北宗分別指慧能、神秀禪法。顯然神會是分判南北禪宗之別、造成南北禪宗對抗、奠定南北禪宗之說的關鍵人物。所以在宋初贊寧的《宋高僧傳》（卷八）中說：「從見會明心，六祖之風蕩其漸修之道矣。南北二宗，時始判焉。」

　　由上可知，「南宗」這一概念，是在神會與普寂即慧能禪法與神秀禪法的直接對抗中形成的。在當時有它特定的內涵。如果離開這一點，光從地域的分佈上來說，「南宗」就不只是慧能一系，「北宗」也不只是神秀禪法。在慧能、神會同時或前後不久，是一個禪法的百家爭勝時代。宗密是這一時代的見證人，他在《禪源諸詮集》的總序中

說：「今集所述殆且百家，宗義別者猶將十室，謂江西、荷澤、北秀、南詵、牛頭、石頭、保唐、宣什及稠那、天台等。立宗傳法，互相乖阻。有以空為本，有以知為源；有云寂默方真，有云行坐皆是；有云見今朝暮分別為作一切皆妄，有云分別為作一切皆真；有萬行悉存，有兼佛亦泯；有放任其志，有拘束其心；有以經律為所依，有以經律為障道。」雖包括近百家，它們的主要流派可分為「十室」。這十室按學說的基本宗旨又可分「息妄修心宗」、「泯絕無寄宗」、「直顯心性宗」三大系統，它們在說教的方式和重點上各有所偏，但難以分出高下。上述所謂「十室」中，立足於南方的佔絕大多數。其中有的是慧能門下所立，如江西、荷澤、石頭，自然其思想與慧能相類；有的則屬他宗之禪，如天台，其「止觀」之學便是禪法的一種，唐代該宗在浙江天台、湖北荊州一帶仍有一定勢力；牛頭為四祖道信的弟子法融的門派，是以般若空觀為思想背景成立的；保唐是成都無住禪一派，其思

想行為頗為偏激，重視「識心見性」，建立「直指心地法門」。

　　但在禪宗史上，「南宗禪」無疑已成為慧能禪法的代名詞。慧能離弘忍南下，在嶺南地區展開他的傳法工作。不久，他的兩個弟子以獨特的方式分別在湖南、江西的僻壤之域埋頭奮鬥，逐漸形成勢力，使當時其他各派禪法顯得黯然失色。這兩股勢力的進一步推進，便出現最富有特色的「五家禪」。具有戲劇色彩的是，當初為爭奪南宗正統立下功勞，並取得「七祖」地位的神會在五家禪形成前後，已為行思、懷讓的名字所取代。南宗正統禪法中，沒有了神會的名字，他被列入了旁系，並且門庭冷落。

◀ 陝西戶縣草堂寺鳩摩羅什舍利塔。鳩摩羅什（三四四～四一三年）為著名佛教翻譯家，生於龜茲，即今新疆庫車一帶。

▲ 廣州光孝寺庭院，光孝寺原址是西漢南越王趙佗孫子趙建德的故居。三國時東吳的虞翻曾在此處建寺講學。宋紹興年間始定名「敕賜光孝禪寺」。

南北禪宗的分歧是什麼？

　　五祖弘忍之後，慧能與神秀各自傳法，因宗教思想方面的分歧，遂形成南北對立。北宗的禪法注重「息妄修心」，循序漸進，比較規範化和程序化。無疑，這是一種強調漸修的禪。南宗的最大特色，是把整個修行程序都歸結於「頓悟」一環。

　　南北禪宗根據如來藏佛性學說，一致認為，人人都有妄念、煩惱，清淨佛性為煩惱所覆蔽，因而必須透過修行，去除煩惱塵垢，發現佛性，覺悟成佛。慧能說：「世人性淨，猶如青天」，因「妄念浮雲蓋覆，自性不能明。」（敦煌本《壇經》）其弟子神會也說：「無明與佛性，俱是自然而生」；「煩惱與佛性，一時而有。」（《神會語錄》）北宗也認為，「眾生雖本來佛性，而無始無明覆之不見，故輪迴生死」（《禪源諸詮集都序》）。但是，在如何去除煩惱、如何修行的問題上則存在著矛盾和分歧。據《壇經》載，神秀和慧能各有一首闡述自己禪學見解的詩偈。神秀的偈說：「身是菩提樹，心如明鏡台，時時勤拂拭，莫使惹塵埃。」慧能的偈說：「菩提本無樹，明鏡亦非台，佛性常清淨，何處惹塵埃！」一般認為，這兩個偈說明他們之間的分歧所在。神秀認為，佛性人皆具有，但為客塵所障，所以要時時拂拭，不斷修習，成佛才有可能。慧能則提出，心性本淨，本來是佛，不必經過繁複形式的修習便可進入佛的境界。

　　張說《大通禪師碑》說，神秀「其開法大略，則專念以息想，極力以攝心。其入也，品均凡聖；其到也，行至前後。趣定之前，萬緣盡閉；發慧之後，一切皆如。特奉《楞伽》，遞為心要」。這是說，神秀禪師以《楞伽經》學說為背景，在禪觀中實行「攝心」、「息心」，摒棄一切情慾和對世界現象所持的生滅有無觀念，達到與「真如」相應的精神狀態。神會進而把神秀及其弟子普寂的北宗禪法歸結為「凝心入定，住心看淨，起心外照，攝心內證」（《南宗定是非論》）十六個字。宗密《禪門師資承襲圖》則概括說：「北宗意者，眾生本有覺性，如鏡有明性；煩惱覆之不見，如鏡有塵。若依師言教，息滅妄念，念盡則心性覺悟，無所不知，如磨拂昏塵，塵盡則鏡體明淨，無所不照。」神秀本人在他的《觀心論》中，把心與身、內與外、淨與染等視為相對的兩個方面，並把心、內、淨置於主導地位，認為透過攝心、觀心，「絕三毒心，永使消亡；閉六賊門，不令侵擾」，最後達到解脫。

　　慧能從般若的觀點指出，神秀的禪法仍然執著名相，並非徹底。慧能詩偈否認客觀世界有差別存在，因而也就不承認斷惡去染即「拂塵」的必要性。為此，他「立無念為宗，無相為體，無住為本」。所謂「無念」，是說「不念有無，不念善惡，不念有邊際無邊際，不念有限量無限量，不念菩提」（《南宗定是非論》）。這是針對北宗「離念」、「正念」而立的。透過「無念」的直覺，直接發現真如佛性，不必去除妄念。「無相」指反對執著名相（包括外在形象和語言概念）。「無住」是反對固定的見解和特定的心理

趨向。

慧能否定神秀傳統形式的坐禪,並對「禪」作了全新的解釋,說:「此法門中,何名坐禪?此法門中,一切無礙,外於一切境界上念不起為坐,見本性不亂為禪。何名為禪定?外離相曰禪,內不亂曰定。」(敦煌本《壇經》)這樣的禪,不拘於此法門中,一切無礙,外於一切境界上念不起為坐,見本性不亂為禪,何名為禪定?不拘於外在的功夫和形式,任運自在,把關鍵放在內心的體認和領悟方面。神會也說:「今言坐者,念不起為坐;今言禪者,見本性為禪。所以不教人坐身、住心、入定。」(《南宗定是非論》)實際是取消了禪定。

所謂「頓悟」,指無須準備,不用累積而突然達到佛的精神境界,慧能說:「一切萬法,盡在自身中。何不從於自心,頓現真如本性!」「今學道者頓悟菩提,命自本性頓悟」;「一念若悟,即眾生是佛。」(敦煌本《壇經》)神會進一步宣傳和發揚這一「頓悟」說,認為「正覺」(覺悟)是在「一念」之間實現的,所以是「單刀直入,直了見性」(《南宗定是非論》)。北宗雖然並不反對一般意義上的「頓悟」,但神秀他們依據傳統禪法,僅把「頓悟」當作整個修行程序中的一個環節,這個環節須以長期漸修累積為條件。而慧能開創的南宗禪則極力強調頓悟的必要性和可行性,把它作為修行的唯一環節把握,雖然它事實上也不放棄漸修。所以南宗禪突出了成佛的境界,把佛教修行引導入活潑、生動、不拘形式的路途,與日常生活形成有效的結合。

▲ 曹溪南華寺重寶唐代繡金千佛袈裟。袈裟是僧人的法衣,禪宗師徒間傳法,以衣缽為信,稱為衣缽相傳,衣缽的授受即代表著心法的接受。

「兩京法主，三帝門師」指誰？

中國禪宗史上，有一位被譽為「兩京法主，三帝門師」的禪僧，他就是北宗的代表人物神秀。

神秀（約西元六〇六～七〇六年），俗姓李，汴州尉氏（今屬河南）人。少年時遍覽經史，博學多聞，隋末出家為僧。後來到蘄州黃梅東山寺見弘忍，開始以打柴提水等雜役服勞六年，漸被弘忍器重，命為上座，並令為「教授師」。辭別弘忍後，退回荊州當陽玉泉山隱居。弘忍去世後，他在玉泉寺大開禪法，宣傳楞伽師漸修法門。當時，「就者成都，學者如市」，以至「庵廬雁行於丘埠」，可見四面八方從學的人很多，影響已不小。武則天聽到他的盛名，令他入京行道，並於武周久視元年（七〇〇年）遣使迎請。當時神秀已年過九十，既詔請而來，便給予極高待遇。據張說《大通禪師碑》說，神秀入京時受到朝廷隆重接待，武則天不計君臣之別，親加跪禮迎請。他被安置於內道場供養，武后經常向他問道，並命在當陽山置度門寺，以表彰他的道德。當時王公以下及京都士庶，聞風爭來謁見的，望塵拜伏，日以萬計。中宗即位，對他更加禮敬。於是，「遂推為兩京法主，三帝門師」（張說碑文）。「兩京」指西京長安和東都洛陽，「三帝」指武則天、中宗和睿宗。這一稱號，足見神秀在佛教界的權勢和地位。

神秀去世時已有一百多歲，唐中宗為之送葬至洛陽午橋，並下詔於嵩陽之輔山頂為之造十三級浮圖。神秀大弟子普寂，俗姓馮，蒲州河東人。中宗聞神秀年高，特下制令普寂代其統領法眾；神秀去世後，北方地區信仰佛教的都師事他。普寂後來又受玄宗禮遇，敕於都城居住，傳教二十餘年，「時王公士庶，競來禮謁」。神秀去世，唐中宗即賜諡曰「大通禪師」，這是佛教史上空前的事。神秀弟子義福去世，被諡「大智禪師」；普寂去世，被諡「大照禪師」。他們身前身後都享有很高榮譽。

神秀、普寂之世，以兩京為基礎，其禪法傳遍大半個中國，號稱「北宗門下，勢力連天」。相比之下，同時代的慧能則尚局限於嶺南一隅；在慧能去世後二十年中，其禪法也還默默無聞。故宗密說：「能大師滅後二十年中，曹溪頓旨，沉廢於荊吳；嵩岳漸門，熾盛於秦洛。普寂禪師，秀弟子也，謬稱七祖。二京法主，三帝門師；朝臣歸崇，敕使監衛。雄雄若是，誰敢當沖？」（《圓覺經略疏鈔》卷四）若據此說，所謂「兩京法主，三帝門師」之稱，不只是單指神秀一人，而同時包括了他的弟子普寂以及義福，這兩代北宗禪師並受宮廷禮遇，獲得極高政治地位，他們的禪法在半個多世紀內影響極為廣泛，三人統而論之似乎更為確切。

▶ 陝西戶縣草堂寺鳩摩羅什像。鳩摩羅什在南北朝時來到內地從事譯經，是中國佛教歷史上的一大譯經家。他所譯的《大品經》、《妙法蓮華經》等，簡潔曉暢，廣為流傳。

何謂「楞伽師」？

從達摩到弘忍，還沒有正式以「禪宗」作為自己宗派的名稱。這一時期，主要依持四卷本《楞伽經》，以此遞相傳授。所以，《楞伽師資記》把這五代（以及第六代神秀）禪師列為「楞伽師」。人們把這五代禪師（以及神秀）稱之為「楞伽師」，把禪宗成立之前的這段禪學歷史稱為「楞伽師承時期」。

達摩當初來華傳播印度大乘禪法，提出要「藉教悟宗」。這「教」乃是指四卷本《楞伽經》，所謂「宗」則指《楞伽經》所說的「自宗通」。達摩認為，自覺聖智的自證（內證）要依「教」去悟人，故謂「藉教悟宗」。毫無疑問，達摩本人是以《楞伽經》為所依經典的。《楞伽師資記》說：「弟子曇林記師言行，集成一卷，名之《達摩論》也，菩提師又為坐禪眾釋《楞伽》要義一卷，有十二、三紙，亦名《達摩論》也。」後來達摩便以這四卷《楞伽》授弟子慧可，並聲稱，「我觀漢地，惟有此經，仁者依行，自得度世」。而慧可也「使那、滿等師常繼四卷《楞伽》以為心要，隨說隨行，不爽遺委」（《續高僧傳》卷十九）。按照達摩的要求，堅持以《楞伽》傳承。慧可對《楞伽經》採取的是自由解釋的態度，不拘文字，專附玄理。慧可的弟子們也十分重視《楞伽經》的研習：「（法）沖以《楞伽》奧典沈淪日久，所在追訪無憚夷險。令可師後裔盛習此經，即依師學屢擊大節。便捨徒眾任沖轉教，即相續講三十餘遍。又遇可師親傳授者，依南天竺一乘宗講之，又得百遍。……沖公自從經術，專以《楞伽》命

家，前後敷弘將二百遍。」（《續高僧傳》卷二五）

歷史上有關僧璨是否實有其人問題頗有爭議，但根據《續高僧傳》、《傳法寶記》、《歷代法寶記》、《楞伽師資記》以及《法如行狀》、《大通禪師碑》等資料分析，僧璨應是歷史人物，並且至少在七世紀末，達摩、慧可、僧璨、道信、弘忍五代的傳承已得到普遍認可。僧璨承慧可後繼續

▶ 湖北黃梅五祖禪寺大殿。五祖禪寺建於唐永徽五年（六五四年），是中國禪宗第五代祖師弘忍的道場，也是六祖慧能得法受衣缽之地，歷史上曾御賜為「天下祖庭」。大殿為重簷歇山式屋頂建築，藍瓦黃壁。殿前的宋徽宗手書「天下禪林」石碑，顯出五祖東山法門的聲威。

持《楞伽》以為心要，但他「口說玄理，不出文記」，「蕭然靜坐」（《楞伽師資記》）。

道信和弘忍建立起「東山法門」，把楞伽師說向前推進了一大步。道信承認，「說我此法，要依《楞伽經》，諸佛心第一」，堅持把立足點放在《楞伽經》，以藉教悟宗，「內外相稱，理行不相違」。弘忍在原則上也仍然以《楞伽經》為所依經典，《楞伽師資記》載，弘忍以「《楞伽》義」開示門徒，說：「我與神秀論《楞伽經》，玄理通快、必多利益。」敦煌本《壇經》又有如下記述：弘忍於天明時，喚盧供奉來南廊下畫《楞伽》變相，但後因看到慧能的詩偈，乃放棄此舉。因此，道信、弘忍也還是繼承達摩以來的傳統，以《楞伽經》為基本經典，只是在此同時已顯現出向《金剛經》逐步轉移的趨勢。

禪宗史上的「北宗」，嚴格地說，仍是楞伽禪學的繼續。神秀自稱稟受「東山法門」，其禪法仍具「持奉《楞伽》，遞為心要」的特色，弘忍弟子之一的玄賾為宣傳楞伽傳法的禪學，特撰《楞伽人法志》。玄賾弟子淨覺在此基礎上更撰《楞伽師資記》，列出了一個楞伽師資的世系表，該世系不僅以神秀為楞伽師的傳人，且將其弟子普寂、景賢、義福等也視為楞伽師的後代。這是有道理的。

有人把禪宗成立之前的楞伽師承時期看作是「楞伽宗」的歷史，認為「從達摩以至神秀，都是正統的楞伽宗」（胡適《楞伽宗考》），這實際上是一種誤會。歷史上根本不存在所謂的「楞伽宗」。

研究楞伽師學說的主要著作有哪些？

過去對達摩禪和楞伽師的瞭解，主要依據洪州禪馬祖道一門下的傳說，具有很大的片面性和局限性。從廿世紀初開始，由於從敦煌遺書中陸續發現若干禪宗文獻，使得人們對這一時期禪學的研究大大深入，逐漸接近真實。

在敦煌禪籍中，有不少冠以菩提達摩之名的文獻，但經學者們分析研究，真正屬於達摩的著作大約只有《二入四行論》（由達摩本人口述、弟子記述）中的一部分。「二入」，指理入、行入；「理入」指從禪理上悟入。「四行」指「二入」中的「行入」，意謂透過禪的實踐獲得解脫。四行是：報怨行、隨緣行、無所求行、稱法行；前三行是「順物」，是「防護譏嫌」，是對眾苦的修持，「稱法行」是指以「無所得為方便」而行大乘六度。

有關弘忍的思想，據說有《修心要論》（或題《最上乘論》）一卷。但一般認為，這一卷修習上是弘忍弟子的集記，重點記述了

東山法門的某些禪學主張，如「守心第一」，「但了然守真心，妄念雲盡，……譬如磨鏡，塵盡自然見性」。

神秀的著作有《觀心論》一卷和《大乘無生方便門》一卷。《觀心論》主張「唯觀心一法，總攝萬行，最為省要」；認為世界萬物唯心所生，所以須以坐禪觀心對治「邪迷」，達到「了心」、「無心」境地，便實現解脫。《大乘無生方便門》又名《大乘五方便北宗》，主要內容是透過「方便通經」，發揮大乘「總彰佛體」、「開智慧」、「顯不思議」、「明諸法正性」、「了無異」五門，主張「淨心」、「離念」、「看心」，提出「一念淨心，頓超佛地」。

敦煌遺書中有唐代杜朏于於開元初（七一三年）所撰的《傳法寶記並序》一卷。這一卷記述了達摩、慧可、僧璨、道信、弘忍、法如、神秀的略傳及禪法思想，其特色是以法如為弘忍的傳法弟子，並明確指出自達摩至僧璨以《楞伽經》相傳授，而在達摩略傳的注文中則批評了「壁觀及四行」，認為那只是「當時權化，一隅之說」，故「非至論也」。

由弘忍再傳弟子淨覺約於西元七二〇年所撰的《楞伽師資記》記載了以《楞伽經》為禪法宗旨的八代十三人的思想，他們是：求那跋陀羅、菩提達

摩、慧可、僧璨、道信、弘忍和神秀、玄賾、慧安以及普寂、義福、景賢、惠福。「師資」，意即老師和弟子；「楞伽師資記」，就是以《楞伽經》為遞相傳承的一批師、弟子們的思想記錄。其中載錄了道信《入道安心要方便法門》的主要內容。因為求那跋陀羅是《楞伽經》的譯者，所以作者把他視為初祖，以顯示《楞伽經》在禪宗傳法中的崇高地位。

《歷代法寶記》一卷是成都保唐寺無住弟子編撰的，宣傳以保唐寺為中心的禪系的史書（約成書於七六〇年）。該書主要記述了弘忍門下資州智詵派的傳承，這就是：智詵傳處寂，處寂傳無相，無相傳無住。在此之前，也敘述了達摩至慧能這六代大師的有關思想。

◀ 唐代繪有達摩渡海圖案的紋鏡。達摩來華所講之禪法，主要依據《楞伽經》，《楞伽經》是印度佛教後期代表大乘佛教思想的經典。

▲ 山西五台山南禪寺唐塑菩薩。南禪寺創建於唐代，是中國現存歷史最久的一處寺廟建築。這尊菩薩塑像軀體豐滿，面目豐潤，神態自若，服飾衣紋流暢，具有明顯的唐代風格，是中國古代雕塑中的精品。

牛頭禪有什麼特色？

　　牛頭禪是指四祖道信的弟子法融系統的禪學。因法融長住今南京西南方的牛頭山，故名。

　　在現存資料中，最早提到道信傳法融的，是李華所撰《潤州鶴林寺故徑山大師碑銘》。其中說：「信門人達者，曰融大師，居牛頭山，得自然智慧。信大師就而證之。……融授巖大師，巖授方大師，方授持大師，持授威大師。」據劉禹錫《牛頭山第一祖融大師新塔記》，道信傳法於法融，當在貞觀年間，並說：「貞觀中，雙峰（道信）過江，望牛頭，頓錫曰『此山有道氣，宜有得之者』。乃東，果與

大師相遇，性合神契，至於無言，同躋智地，密付真印，揭立江左。名聞九圍，學徒百千，如水歸海。」這一故事在《景德傳燈錄》中被改寫為：「四祖遙觀氣象，知彼山有奇異之人，乃躬自尋訪，問寺僧：『此間有道人否？』……祖遂入山見師，端坐自若，曾無所顧。」

　　法融與道宣屬同時代人，道宣在《續高僧傳》中對法融有詳細記載，說他姓韋，潤州延陵（今江蘇丹陽）人，年一九

入茅山依三論炅法師，「乃凝心宴默於空靜林，二十年中專精匪懈，遂大入妙門，百八總持樂說無盡」。貞觀十七年（六四三年），於牛頭山幽棲寺北巖下別立茅茨禪室。但道宣並未提到法融與道信的關係。所以，道信旁出牛頭並確立由法融傳智巖、智巖傳慧方、慧方傳法持、法持傳智威、智威傳慧忠的牛頭宗傳承法脈，並無確鑿的事實依據。但法融其人及其禪學的存在卻是事實。

牛頭禪是根植於般若空觀的一個禪學派別，《絕觀論》和《心銘》代表了牛頭禪（法融）的早期思想。宗密《禪門師資承襲圖》說，法融「先因多年窮究諸部般若之教，已悟諸法本空，迷情妄執。後遇四祖，印其所解空理，然於空處顯示不空妙性故。不俟久學，而悟解洞明」。又述牛頭「宗意」是：「體諸法如夢，本來無事，心境本寂，非今始空。迷之為有，即見榮枯貴賤等事；事跡既有相，違相順故，生愛惡等情；情生則諸苦所繫，夢作夢受，何損何益。有此能了之智，亦如夢心，乃至設有一法過於涅槃，亦如夢如幻。既達本來無事，理宜喪己忘情，情忘即絕苦因，方度一切苦厄。」大意是，牛頭禪以般若思想為背景，達到世界萬物以及社會人生如夢如幻的認識，在此基礎上「喪己忘情」，超脫苦難，獲得解脫。

牛頭禪因發跡於三論宗和南朝玄學發達的地區，所以受兩者的影響很大。法融《絕觀論》以「大道沖虛幽寂」開端，立「虛空為道本」，認為「觀身實相，觀佛亦然，……實相者，即空相也」。法融又認為，「無心合道」、「無心用功」，因為「道」是超越心、物的本體，只能以直觀體悟。這與莊子神秘主義以及玄學得意忘言之說相通。禪法上，法融重「無心絕觀」或「絕觀忘守」，認為「無念即無心，無心即真道」，故以「喪我忘情為修」，這很不同於東山法門的坐禪觀心，卻與玄學思想關係甚深。

受南方佛學影響，牛頭禪提出「道遍無情」、「無情成佛」的觀點。三論大師吉藏在《大乘玄論》中說，「若眾生成佛時，一切草木亦得成佛」。後來天台中興者湛然則直接提出「無情有性說」。而「青青翠竹儘是法身，鬱鬱黃花無非般若」一聯則表現出牛頭禪的特色。

可以認為，在禪的中國化過程中，牛頭禪產生過重要作用（主要在老莊化、玄學化方面）。

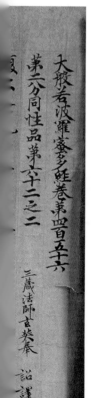

▲唐代妙法蓮華經經卷。

「風幡之議」說明了什麼？

「風幡之議」並不見於敦煌本《壇經》，但最早已在《歷代法寶記》和《曹溪大師別傳》中有記載，時距慧能去世約半個多世紀。在《壇經》的其他版本中則都有記載。筆者認為，如果我們用慧能的佛教思想加以對照，「風幡之議」應該說實有其事。

據禪宗史籍記載，弘忍在將「正法」和「衣鉢」交付慧能後，命慧能南下暫避，待時行化。慧能回到廣東曹溪後，隱遁於四會、懷集兩縣間，與獵人為伍。十餘年後，來到廣州法性寺。當時正遇印宗法師講《涅槃經》，其門人為懸掛在外的幡為什麼會搖動而爭論不休。一個說：「幡是沒有生命的東西（「無情」）它自己不能動，由於有了風它才動。」另一個說：「風和幡都是沒有生命的東西，怎麼會動呢？」第三個說：「幡是因緣和合而成的東西，所以它的動是因緣和合之動。」第四個說：「幡並沒有動，是風自己在動。」慧能聽到這裡，忍不住便插了嘴，對他們說：「既不是風動，也不是幡動，而是你們諸位的心在動罷了。」眾僧聽後十分詫異。第二天，印宗法師便延請慧能，當得知他是弘忍弟子時，更加禮敬備至。

慧能，俗姓盧，廣東新州人，幼年喪父，移居南海，因家境艱辛貧寒，靠賣柴養母度日。據說有一天去市上賣柴，在客店中見有人正讀《金剛經》，慧能一聽，便有所領會。他就問道：「這部經典從何處得來？」客人告訴他：「我在蘄州黃梅禮拜五祖弘忍，聽他勸說道俗，只要誦讀《金剛經》一卷，便可見性，迅速成佛。」慧能回家，安頓好母親，便奔湖北投弘忍門下。這一事實說明，慧能與《金剛經》之間有不解之緣。《金剛經》的中心是講「空」，以為世界萬有只是一念「心」的產物。我們業已知道，從道信開始已經接受般若思想的影響，所以至慧能時《金剛經》地位進一步上升也是很自然的事。慧能佛教思想突出的一點，便是強調自心，如他說：「故知一切萬法，盡在自身心中。何不從於自心，頓現真如本性！」（敦煌本《壇經》）這裡意思是說，世間一切萬有，盡由自心變幻而生；自心等同於佛性，認識了自心，也便是成佛的時候。這一思想不僅與《金剛經》一致，而且也與「風幡之議」、聽《金剛經》得悟等事件有聯繫。

「風幡之議」中，慧能在否定了風動、幡動等觀點後，明確提出「心動」之說，進而把全部問題的實質歸結於「自心」，這顯示他已把「東山法門」加以大大發展了，具有鮮明特色的新的禪學已經成熟。達摩禪主要理念為客觀的唯心思想，「東山法門」由於般若思想的作用，已有向主觀唯心思想發展的趨勢，慧能突出《金剛經》地位，其主觀唯心色彩更為明顯。

▶ 廣州光孝寺瘞髮塔，瘞髮塔位於光孝寺六祖殿前，呈八角形，造型獨特，高近七公尺，分為七層，每層有佛龕八個。相傳六祖慧能在菩提樹下削髮為僧，主持僧隨將慧能的頭髮埋入土中。爾後，在該處建塔以紀念慧能。

慧能「頓悟」說出自道生嗎？

在慧能創立「頓悟」說之前約三百年，已有竺道生提倡「人人皆有佛性」說和「頓悟成佛」說。所以，長期以來，人們通常習慣於把慧能的「頓悟」說與道生的「頓悟」說聯想起來，或認為慧能「直接繼承」了道生的「頓悟」思想，或認為道生學說實為「禪宗的淵源」、「中國禪的基石」。

從佛學的流傳看，我們不否認前代學說對後代思想所造成的影響，也不否認兩種「頓悟」說在形式上極為相近，在內容上有某種類似。但若破除成見，便不難發現，兩種「頓悟」說無論在歷史背景、思想淵源以及具體內容方面都有重大的歧異，它們之間並無直接的淵源和繼承關係。

道生和慧能生活於不同的歷史時期，他們的「頓悟」說乃是不同時期社會生活的產物。道生所提倡的「頓悟成佛」說與東晉後期、南朝劉宋初年的門閥士族經濟、門閥士族統治下的官方哲學玄學有著密不可分的本質聯繫。道生投身於東晉南朝佛教義學的浪潮，積極為社會上層分子設計他們所需的佛學理論。所以，他的學說發表後，受到門閥士族的熱誠歡迎、頂禮讚歎。隋文帝即位後，以科舉取士制替代曹魏以來的九品中正制，一定程度上限制了士族勢力。唐太宗為拉攏地主階級，鞏固以唐宗室和功臣為主的統治集團，命撰「氏族志」。這一措施，有效地降低了士族的威望。武則天參與國政，改修「姓氏錄」，以後族為第一等，其餘以仕唐官品的高下為準，在她執政期間，大量引用庶族地主，打擊舊士族勢力。士族雖然還擁有相當的社會影響和政治、經濟力量，但實際上已開始走向衰落。伴隨著這一士族衰落的歷史趨勢，在佛教鼎盛背後，已

孕育著內在危機，有必要進行徹底的改革，於是慧能的「頓悟成佛」說脫穎而出。從這時起，中國佛教進入了一個深刻反省的時期。道生的「頓悟」，是一種經院式義學僧的理論呈現，是從當時佛學派別的角度提出來的，是門閥士族經濟的產物；慧能的「頓悟」，則是從禪的實踐角度，以佛教宗派的形式加以表現，具有與生活日用密切結合的特點，反映了門閥士族制度漸趨衰落時佛教改革的基本趨勢。

道生的佛教思想是在充分肯定印度經典的基礎上建立起來的，是對佛經的「慧解」、「研思」的結果，雖然他採取了不死守文句的方法，得出大膽的結論，但他始終沒有背離佛經的基本精神，「頓悟」論便是在「校閱真俗，研思因果」的基礎上獲得的。與傳統佛教依靠他力求得解脫的信仰相反，慧能在中國佛教中另立只信仰自力、僅依藉個人主觀覺悟、毋須引經據典的一派。慧能的「頓悟」禪是在對印度經典無情排斥的基礎上成立的。從道生的「頓悟」難以引出佛教中國化的結論，但由慧能的「頓悟」卻可看到佛教中國化的趨勢；從道生的「頓悟」無法擺脫經疏章句的桎梏和對印度佛祖、佛經的崇拜，由慧能的「頓悟」卻可導致呵佛罵祖、焚燒佛像、毀辱經典的「離經叛道」行為。

在「頓悟」說的具體內容上，道生和慧能也有重大分歧。道生的「大頓悟」

是在對支道林等人「小頓悟」學說批判吸收的過程中發展起來的，它否定了頓悟的階段性，但繼承了「理不可分」的理論依據。因此，道生在提倡「頓悟」的同時，大力宣傳了「見理」、「明理」的重要性，以為這是去煩惱、除情垢、最後成佛的根本途徑。為此，他還提出「積學無限」的觀點，把「積學」（長期的佛學修養）作為最後「不容階級」而「頓悟」的先決條件。與此相反，禪宗在解脫論上，強調「心生一切法生，心滅一切法滅」，把宇宙萬物歸結為心的產物。禪宗的「頓悟」，主要在這一心上下功夫，以心為迷悟的關鍵。所以慧能的「頓悟」，容不得「見理」、「明理」。慧能不承認一般意義上的認識活動，有意排除概念、判斷、推理、論證等思維活動和表達方式，以對自心佛性的直覺代替對「理」的認識。

▼ 五祖寺通天門，五祖寺採取了廊院式佈局，並非一般禪寺沿中軸線對稱的形式，庭院錯落有致。

「頓悟成佛」的宗教意義何在？

慧能佛教思想於後世影響最深遠的是「頓悟成佛」說。「頓悟成佛」的意思是，無須長期的修習，只要突然頓悟自己本有佛性，便是成佛之時。

慧能認為，「迷來經累劫，悟則剎那間」；「前念迷即凡，後念悟即佛」。又認為，「一念愚即般若絕，一念智即般若生」。就是說，成佛只是在剎那（「一念」）之間。他還用自己的經驗現身說法，說：「我於忍和尚處，一聞言下大悟，頓見真如佛性。」聲稱自己就是頓悟成佛的。他進而認為，「頓悟」是成佛的唯一途徑，說：「若悟無生頓法，且西方只在剎那；不悟頓教大乘，念佛往生路遙，如何得達？」（敦煌本《壇經》）領悟頓悟法門，西方極樂世界就在眼前；不領悟頓悟法門，即使長年念佛修習，也難以抵達彼岸。

慧能「頓悟」說是以「心性本覺」思想為背景的。所謂「本覺」，是指眾生本來覺悟，本來是佛，因而「頓悟」不只是可能，而已成為現實的問題，就看你是否剎那體認。慧能說：「自色身中，邪見煩惱，愚癡迷妄，自有本覺性。」（敦煌本《壇經》）眾生即使陷入煩惱迷妄，但仍然不失本覺佛性。只因眾生本覺，所以「舉足舉手，長在道場；是心是情，同歸性海。」（王維《六祖碑銘》）在日常生活的任何領域，都有頓悟成佛的機會。為此，「放下屠刀，立地成佛」之說後來

便成為禪宗對外宣傳的重要口號。

慧能的頓悟成佛說，指出的是一條簡捷方便的成佛道路，具有十分深遠的宗教意義。

既然成佛只在一念之間，只是對「自有本覺性」的剎那直覺體悟，那麼傳統佛教所主張的讀經、念佛、坐禪等修習功夫，也就失去了它們的實際意義。傳統佛教重視誦經，慧能卻主張不立文字，「當令自悟」；傳統佛教提倡佈施、造寺等功德行為，慧能卻視之為「修福」而非「功德」，竭力反對；傳統佛教主張念佛往生西天，慧能則指出，「心起不淨之心，念佛往生難到」，「迷人念佛生彼，悟者自淨其心」，念佛不能成佛；傳統佛教強調坐禪用功，慧能卻以為坐禪是「一具臭骨頭」，提出「一切時中，行、住、坐、臥，常行直心」這一禪的新觀念；傳統佛教鼓勵出家修行，慧能卻認為，「若欲修行，在家亦得，不由在寺」。可見，慧能禪宗的創立及其頓悟成佛說的提倡在中國佛教史上是一個根本性的變化。

慧能「頓悟成佛」說的提出，大大縮短了塵世與淨土、此岸與彼岸的距離，反映了宗教家面向社會的又一嘗試。它既迎合了新興官僚階層及士大夫的宗教需要，同時又為一般下層群眾提供了信佛的方便。為此，它不僅受到佛教僧侶的真誠歡迎，而且也受到社會廣大民眾的熱情支持。禪宗後來的迅速發展，與此不無關係。由於「頓悟」說的根本目的仍在成佛，是要加快成佛的步伐，所以它在否定傳統意義的禪法的同時卻又擴大了禪的範圍。由此可知，它的宗教效果更為明顯。

◀ 南華寺遠景，遠處的靈照塔清晰可見。靈照塔建於明代，為十八角五級的磚砌建築，各級間飾有以重簷，並漆以紅黃白綠等色。

▲ 唐代釋伽降外道像。

慧能的禪宗呈現了佛教的中國化？

慧能創立禪宗是中國佛教的一次重大革新，它使佛教沿著中國化的方向邁出了實質性的一步。

外來的佛教要在中國這塊土地上傳播和發展，就必須使自己的教義適應中國文化的傳統，這就是我們通常所說的佛教中國化。佛教中國化是一個歷史過程。東漢三國時期是佛教在中國的初傳時期，人們對佛教瞭解甚少，所以把它看成社會上流行的神仙道術的一種。魏晉時期玄學盛行，以般若學說為基本內容的大乘空宗因在思想上與玄學有相似之處，故得以迅速傳播，而佛教學者則多用老莊玄學思想來解釋佛教教義，迎合當時上層社會的需要。南北朝時期，佛教和傳統文化進一步融合，並隨著佛教的發展，出現許多以研究某一經典為中心的學派，如涅槃、成實、三論、毗曇、地論、攝論、楞伽等。這些學派的成立，為隋唐時期佛教宗派的相繼創立提供了思想理論基礎。禪宗是隋唐眾多佛教宗派之一，與其他各宗相比，帶有更多民族特色，它把佛教的中國化推進了一大步。

佛教自傳入中國，數百年內，佛祖釋迦牟尼及其他諸佛始終具有神聖威嚴的地位，但慧能卻把自心與佛性等同觀之，把成佛視為頓悟自身本具佛性，從而有力地破除了對「西方」的迷信和對「佛祖」的崇拜。慧能說：「東方人造罪，念佛求生西方；西方人造罪，念佛求生何國？」（敦煌本《壇經》）順著這一思想，慧能之後，禪宗提出「離經叛道」、「大膽懷疑」、「獨立思考」，對進一步擺脫印度佛教繁瑣的神學理論和宗教儀禮都具有重要意義。

慧能禪宗的創立，破壞了佛教出家僧侶日常生活的固有本色，使他們與中國的生產方式和生活方式相適應，增強了禪宗自身的應變能力。印度佛教注重乞食苦行、誦經念佛，要求實行嚴格的宗教修行方式。早期楞伽師也還是過著一衣一鉢的「頭陀行」生活，慧能則提倡自由任運的生活方式，使禪僧的日常生活平民化、世俗化。慧能去世後不久，禪僧開始自給自足，靠勞作度日，「一日不作，一日不食」。這樣就把中國古代小農經濟的生產方式和生活方式，緊密地結合到僧眾的生

產方式和生活方式上來。這一變革使禪宗與中國的傳統社會結構得到進一步協調，從而獲得較強的生命力。

慧能禪宗在擺脫外來宗教束縛時，與中國傳統思想結盟。莊子的虛無主義思想以及對精神自由的執著追求，玄學家的得意忘言理論以及曠達放蕩、純任自然、蔑視禮法的性格，都對慧能及其子孫產生過重大影響。慧能以為人人都有本覺之性的佛性論與儒家關於人皆可以為堯舜的性善論有相似之處。在慧能之後，禪宗進一步向儒家靠攏，竭力與儒家以孝悌為人之本的傳統倫理學說相調和，創作大量論孝的著作，出現一批引人注目的「孝僧」。

▼ 廣州光孝寺六祖殿。

《楞伽經》有哪些重要思想？

　　《楞伽經》先後曾有三種譯本。一是劉宋求那跋陀羅譯，題為《楞伽阿跋多羅寶經》，四卷；二是北魏菩提流支譯，題為《入楞伽經》，十卷；三是唐實叉難陀譯，題為《大乘入楞伽經》，七卷。其中，劉宋譯本最早，影響也最廣，是楞伽師所依的基本經典。

　　「楞伽」，山名；「阿跋多羅」，「入」的意思。經名謂佛入楞伽山所說的寶經。四卷本《楞伽經》思想內容複雜，包含著幾個不同思想，因而它不僅為楞伽師奉持，而且也為後來的法相宗（唯識宗）等重視。

　　《楞伽經》首卷，明確提出「三界唯心」的思想，這一思想後來成為唯識法相宗的根本思想。《成唯識論》卷七說，三界唯心的提出，「能隨悟入唯識無境」。《楞伽經》根據「三界唯心」的立說，又指出「五法、三自性、及與八神識，二種無有我」的大乘思想，這也成為後來唯識宗學說的基本內容。「五法」，指事物、概念、思維、真理、智慧；「三自性」指妄想自性、緣起自性、成自性，唯識宗把它們修改為「遍計執自性」、「依他起自性」、「圓成實自性」。《楞伽經》「八

識」學說曾在唯識宗那裡得到充分的發揮。「二無我」指人無我、法無我，是大乘基本思想。

《楞伽經》的另一重要內容是「如來藏」學說。「如來藏」意謂一切眾生藏有本來清淨的如來法身，也即佛性。《楞伽經》認為，如來藏自性清淨，但由於它為無始以來的虛偽惡習所熏而名為「識藏」，所以它「雖自性清淨，客塵所覆故，猶見不淨」。這一「如來藏」思想對達摩禪具有重要啟發意義，達摩禪的理論根據是「深信含生同一真性，客塵覆故，令捨偽歸真」。「同一真性」，便是指如來藏佛性，因為它常為客塵所覆，所以要修習壁觀，達到去「客塵」（「捨偽」）而見清淨佛性（「歸真」）的目的。可以說，如來藏思想不僅影響了楞伽師，而且

也影響了整部禪宗史。

《楞伽經》之所以為楞伽師視為至寶，還因為在經中以很大篇幅談到禪。

據《楞伽經》說，禪有四種，即愚夫所行禪、觀察義禪、攀緣如禪、如來禪。「愚夫所行禪」指只觀「人無我」的禪，是最低一級的禪；「愚夫」謂聲聞、緣覺二乘及外道。「觀察義禪」指由觀「人無我」進而觀「法無我」的禪，比前者有所進步。「攀緣如禪」指觀「二無我」而又不作「二無我妄想」；「攀緣」意謂接近，「如」即真如。「如來禪」指已悟入了如來境界的最高一級的禪，它相當於宗密所述達摩門下輾轉相傳的「最上乘禪」。

《楞伽經》論說禪的另一內容是「宗通」思想。所謂「宗通」，就是重在理悟、內證，遠離言說、文字、妄想，強調依靠自身的自修、自悟、自證，完成「自覺聖境」。這一思想也是楞伽師禪學的重要依據。後來禪宗還根據《楞伽經》所說「宗通」與「說通」的區別，把佛教分成兩大部類，一為「宗門」即禪宗，二為「教下」即禪宗以外的所有注重講解經教的各個宗派。

《楞伽經》又論及頓、漸問題。認為要徹底清除煩惱（所謂「自心現流」），其方法屬於「漸」而不屬於「頓」，並作了四個比喻。但同時又認為，清除煩惱、達到成佛境界可以「頓照」、「頓顯」，也舉例予以說明。《楞伽經》這一內容相反的頓漸說，對後來南北禪宗的分裂，影響十分深遠。

◀ 甘肅敦煌莫高窟大般涅槃經第六如來性品，該經長三‧三二公尺，寬約〇‧二八公尺，共一百九十行。大般涅槃經亦稱大本涅槃經或大涅槃經，簡稱涅槃經。北涼曇無讖譯。四十卷。此經傳入中國後，影響甚大。

《金剛經》是怎樣一部佛經？

　　《金剛經》，全稱《金剛般若波羅蜜經》，這一卷經前後共有六種譯本，最通行的是鳩摩羅什的譯本，全文計五千二百餘字。《金剛經》之所以重要，因為它含藏了六百卷《大般若經》的中心思想。

　　《金剛經》最突出的一點，是它宣揚了世界一切事物空幻不實的大乘般若空宗思想。經中說：「凡所有相皆是虛妄，若見諸相非相，即見如來」；「是實相者，即是非相。」「相」，事物的相狀；「實相」，事物的真實相狀。意思是說，凡有相狀（現象）的一切事物，其本質都是虛妄的、空幻不實的，它所表現的只是假相，並非真實，真實的相狀是空、非相；如果能達到這樣的認識，便已經到了成佛的時候。又說：「若菩薩有我相、人相、眾生相、壽者相，即非菩薩。」這就是說，人若想成為菩薩，就必須斷絕自身的慾望（我相），斷絕一切社會關係（人相），斷絕對塵世的留戀（眾生相）和對長壽的希求（壽者相），也就是要否定人作為人

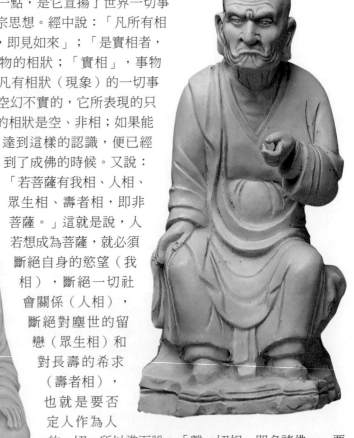

的一切。所以進而說：「離一切相，即名諸佛。」要成佛就首先得領會般若性空的道理。

　　《金剛經》又反覆強調說：「應生無所住心」，「應無所住而生其心。」意思是說，心不應執著於任何事相，對外界的一切現象既不著念，也不受其影響。這一思想在《壇經》中所呈現的為「無住為本」說。敦煌本《壇經》說：「無住者，為人本性唸唸不住，前念、今念、後念，唸唸相

續，無有斷絕；若一念斷絕，法身即離色身。唸唸時中，於一切法上無住，一念若住，唸唸即住，名繫縛；於一切上，唸唸不住，即無縛也。」無繫縛的自由境界只有在對一切法無所執著時方能實現。

《金剛經》在徹底否定客觀世界的同時，甚至還否定佛教徒所追求的佛法，說：「無有定法如來可說」，「所謂佛法者即非佛法」，「說法者，無法可說是名說法。」認為佛並沒有為後人留下什麼特別的教說，如果人們執著於「佛法」，就難以成佛。

《金剛經》最後以一首四句偈概括其全部內容，這就是：「一切有為法，如夢幻泡影，如露亦如電，應作如是觀。」所謂「有為法」，泛指一切處於相互聯繫、生滅變化中的現象。在《金剛經》看來，世界上一切現象（包括物質的和精神的）都只是幻覺、夢想、泡沫、倒影、晨露和閃電一樣，轉瞬即逝，說明它們的本性是空。

正因為《金剛經》既簡短易讀，又思想清晰、前後一貫，所以很受廣大佛教徒喜愛，在傳播大乘般若空宗方面有著重要作用，隋唐之際則直接影響了禪宗思想的形成。

◀ 遼代白瓷製阿難、摩訶迦葉像。左為阿難，右為摩訶迦葉。阿難在佛陀的十大弟子中，有「多聞第一」之稱。摩訶迦葉同為佛陀十大弟子之一，有「頭陀第一」之稱。

▲ 唐代妙法蓮華經卷，經書末行有「天寶十五載八月二十五日屬十娘為亡父母寫」字樣。天寶十五載即西元七五六年。

為什麼《壇經》有多種版本？

記載六祖慧能全部說法內容而流傳至今的最重要禪宗文獻是《壇經》。「壇」指戒壇，「經」是指把自己的說法比作釋迦牟尼所說的佛經那樣予以編錄；《壇經》，即廣為道俗設壇授戒的慧能的說法集。

當初似乎只有慧能的入室弟子才被允許書寫和傳授《壇經》，隨著禪宗的迅速繁榮發展，《壇經》作為祖師慧能的語錄而得到廣泛的流傳，並且在內容上也發

生了很大變化。據日本學者柳田聖山的研究，認為迄今為止已發現的《壇經》不下十幾個版本，包括敦煌本、惠昕本（興聖寺本、金山天寧寺本、大乘寺本）、德異本（高麗本）、宗寶本（明本）、曹溪原本等。另一日本學者宇井伯壽則曾指出《壇經》版本有將近二十種之多。這些異本，其正文極不一致，有的地方表達的思想完全相反，甚至有的內容顯而易見不是慧能的主張。《壇經》版本的歧異反映了各個不同時期禪宗思想的變化。

雖然《壇經》有十幾種版本，但真正獨立的、有代表性的，我們認為只有四種，它們是：敦煌本、惠昕本、契嵩本、宗寶本。

現存最古的敦煌本《壇經》是日本學者矢吹慶輝於一九二三年從倫敦大英博物館收藏的敦煌文書中發現的，一九二八年校刊後收入《大正藏》，其影印本則收入《鳴沙餘韻》一書中。敦煌本《壇經》的發現，揭開了近代禪宗史研究的序幕，具有重要學術價值。該版本全名為《南宗

頓教最上大乘摩訶般若波羅蜜經六祖慧能大師於韶州大梵寺施法壇經一卷，兼受無相戒弘法弟子法海集記》。一九四三年北京大學向達教授到敦煌訪查古寫本，從當地名人任子宜收藏的寫經中發現一冊梵夾式蝶裝本，上面抄有四部禪宗文獻，其中之一便是《壇經》，約為五代或宋初的抄本。該本現收藏於敦煌博物館，題目和內容與敦煌本相同。一般認為，敦煌本和敦煌博物館本為同版本，同出自完成於唐代中葉的《壇經》原本，原本為法海根據慧能的說法記錄而成。

為了適應禪宗思想的發展變化，後世禪僧便借慧能之名，一再對《壇經》加以改編。晚唐僧人惠昕的改編本題為《六祖壇經》，該本所附的惠昕序文、契嵩《壇經贊》、郎簡之序都直說了改編的原因是為了更好適合當時禪宗界的需要。該本分二卷十一門，字數一萬四千，比敦煌本增二千字。

契嵩改編本大約完成於北宋仁宗至和三年（一○五六年），據郭朋先生考證，認為該本便是未署編撰人的《六祖大師法寶壇經曹溪原本》。一卷十品，二萬餘字。

宗寶改編本完成於一二九一年（元至元二十八年），題《六祖大師法寶壇經》。一卷十品，二萬餘字。這是常見的流行本。

《壇經》為後人根據需要而加以改篡

這一事實，早在八世紀中葉即慧能去世半個多世紀時就已出現，據《景德傳燈錄》卷二十八記載，當年慧忠就曾慨歎說：「吾比遊方，多見此色，近尤盛矣。聚卻三、五百眾，目視雲漢，雲是南方宗旨。把它《壇經》改換，添糅鄙譚，削除聖意，惑亂後徒。」宗寶在他改編《壇經》的《跋》裡承認，因見三種版本不同，「互有得失」，所以取而校讎，「訛者正之，略者詳之，復增入弟子請益機緣」。

◀ 廣州光孝寺菩提樹，據傳此樹由梁代梵僧智藥從印度引植而來，並立碑預言六祖慧能在此樹下受戒弘法。目前此樹仍枝繁葉茂，生機勃勃。

▶ 山東青州南北朝背光鎏金菩薩雕像。該像雕刻手法繁複、細膩，採用凸稜的方式刻出衣紋，衣衫緊貼身體，充分顯現著人體的優美。青州佛像的出土，是中國考古近年來的一大發現。

《壇經》的主要內容是什麼？

　　《壇經》目前存世的主要有四種版本。在這四個版本中，敦煌本最接近於真實（雖也已有了某些改動），我們現在研究以慧能為中心的初期禪宗，主要依據敦煌本。

　　日本人鈴木大拙在對敦煌本《壇經》研究的基礎上，於一九三四年刊行了他校訂的《敦煌出土六祖壇經》，將全書分為五十七節，分別加以標題，並撰文解說。這種分節方法目前較受學術界歡迎。第一節「序品」，是法海對慧能在韶州城內大梵寺說法盛況的敘述。二至十一節為慧能自述身世、求法因緣、得法經過，以及得法後南返的情況。十二至三十三節記錄了大梵寺說法的內容，是為《壇經》的主體部分，從中反映慧能的基本思想。三十四至四十四節，記載慧能和弟子們的答問。四十五至四十七節，敘述慧能對其大弟子宣講「三科」、「三十六對」法門。四十八至五十四節，系慧能臨終前對弟子的囑咐，五十五至五十六節，為法海講述慧能去世後《壇經》的傳承情況。五十七節，主要是法海對慧能的頌揚和禮讚。

　　據印順法師《中國禪宗史》所言，《壇經》內容從大的方面看，應包括兩個部分，一是大梵寺開法的記錄，這是最可靠的資料，構成《壇經》主體；一是附屬部分，即包括與弟子答問、臨終囑咐等。大梵寺說法的基本思想包括：定慧為本，一行三昧，無相為體、無念為宗、無住為本，頓悟菩提等。

慧能說：「我此法門，以定慧為本。第一勿迷言定慧別。定慧體一不二，即定是慧體，即慧是定用。即慧之時定在慧，即定之時慧在定。」（十三節）這就是說，他把禪宗和般若智慧看作是同一事物的兩個方面；若有區別，只是主觀分別的結果而已。這一思想旨在否定坐禪，引導頓悟實踐。對「一行三昧」，慧能有獨特見解，即把它看成是「於一切時中，行住坐臥，常行直心」的內心自覺行為。所謂「無相」者，「於相而離相」，離是不著的意思，無相就是不著於相（相，事物、事相）。所謂「無念」者，「於念而不念」，「於一切境上不染」，就是不起雜念而保持正念，不染著於外境。所謂「無住」者，「於一切法上無住」，無執著。無相為體、無念為宗、無住為本，重點在開示一種全新的修行方法，提倡直覺能力的自然發揮，簡化修行成佛的順序、步驟，以般若之智悟見自心佛性，頓入佛地。「菩提」，即智、覺，指對佛教「真理」的覺悟，「頓悟菩提」即剎那直覺自己所具的佛性。在慧能那裡，自性佛性、般若之智和菩提之覺是一而三、三而一的概念，都為眾生所有，本來具足，若剎那見得，「即煩惱是菩提」，這是他「頓悟成佛」說的根本理論。

敦煌本《壇經》的一大特色是突出《金剛經》的位置，如：「五祖夜至三更，喚慧能堂內，說《金剛經》。慧能一聞，言下便悟。」這就意味著弘忍以《金剛經》來啟發慧能，意味著以《金剛經》為頓悟法門的宗經。慧能後來聲稱：「但持《金剛般若波羅蜜經》一卷，即得見性入般若三昧。」這與《曹溪大師別傳》（約於慧能去世後七十年撰寫）強調《涅槃經》的佛性思想似乎不很一致。但我們仔細考察敦煌本《壇經》，它的頓悟思想仍然沒有離開佛性論。所以從契嵩本開始，就把敦煌本《壇經》和《曹溪大師別傳》的思想加以融合統一，這也並非毫無道理。我們認為，各種版本的《壇經》各有自己的史料價值，只是在使用時應有所選擇，善於分析對待。

◀ 山西大同華嚴寺遼代佛教壁畫，該壁畫場面繁雜卻不失平衡，繪製了多組佛教故事，展現了釋迦牟尼從出生到成佛的全過程。
▼ 局部圖

神會對禪宗的貢獻如何？

神會，俗姓高，湖北襄陽人。出家後，曾在荊州玉泉寺隨神秀學習禪法三年。神會聞嶺南曹溪慧能禪師盛揚法道，學者眾多，便前往求法，在曹溪為慧能弟子，居住數載。唐開元八年（七二○年），神會奉敕配住南陽龍興寺。此後，他在北方地區開展宣揚慧能南宗禪的活動。

唐開元二十二年（七三四年）正月十五日，神會在滑台（今河南滑縣境）大雲寺召開「無遮大會」（意為道俗上下貴賤無遮，平等實行財施和法施的大會），與當時北方著名學者崇遠法師展開激烈辯論，宣傳南宗宗旨，抨擊當時最有聲望的神秀大弟子普寂的禪法。神會於大會上宣稱：「今日設無遮大會，兼莊嚴道場，不為功德，為天下學道者定宗旨，為天下學道者辨是非。」（《南宗定是非論》）在辯論中，神會提出了一個與北宗相對立的南宗傳法系統，這就是由達摩傳一領袈裟，以為法信，授與慧可，再由慧可傳下，傳至六祖慧能。當時神秀門下聲勢很大，神秀被推為六祖，其弟子普寂等自稱七祖，無人膽敢懷疑。神會以修正的法統為禪宗嫡傳，並以此斷言北宗「師承是傍」。這是禪宗史上十分重大的事件。為了宗派的利益，神會在當時表現出宗教家的獻身精神。面對各種威脅和破壞，他鄭重宣告：「我今為弘揚大乘，建立正法，令一切眾生知聞，豈惜身命！」（《答崇遠法師問》）

由於神會在滑台大會上的慷慨陳詞，使曹溪（慧能）宗旨在北方地區逐漸傳播，但離南宗正統地位獲得承認為時尚

遠，南北禪宗之爭益趨激烈。唐玄宗天寶四年（七四五年），神會受兵部侍郎宋鼎之請入洛陽，住荷澤寺。他在洛陽繼續宣傳慧能南宗禪，使「曹溪了義大播於洛陽，荷澤頓門派流於天下」（《圓覺經略疏鈔》卷四）。但也因而遭受北宗信徒更強烈的報復。天寶十二年（七五三年），他被敕黜弋陽郡，又移武當郡。十三年，再移襄州，後又移荊州開元寺。據載，這些遭遇都是「北宗門下之所致」。

正在這時，安史之亂暴發，由於缺乏軍費，朝廷取右僕射裴冕之計，於各府置戒壇度僧，收取「香油錢」。當時神會已年逾七旬，被公推出來主持開壇傳戒度僧事宜。據說，透過這一鬻牒度僧活動，為朝廷籌措了十分可貴的軍餉，對收復東西兩京產生了很大作用。不久，神會被肅宗詔入宮內供養，並敕將作大匠為他在荷澤寺中專造禪宇。神會則藉此機會，為南宗做了兩件事。一是由郭子儀出面申請，為菩提達摩初祖立謚號，二是由廣州節度使韋利見啟奏，請六祖慧能傳法袈裟入內供養。其結果是大大提高了

六祖慧能和神會本人的地位。

神會的後半生，主要是與北宗禪展開長期反覆鬥爭的歷史，神會對禪宗的貢獻，也便在其中展現出來。他大力宣傳了慧能頓悟禪法，把這一禪法帶入了北方地區，有力地抵消了神秀漸修法門的影響。他提出了與北宗對抗的南宗法統，並把它作為禪宗嫡傳正統加以推廣，這對南宗後來戰勝北宗，取代北宗也是有意義的。

◀ 湖北當陽玉泉寺，玉泉寺是中國最早的佛教寺院之一。隋開皇年間，智者禪師在此建寺，倡立法門，當時與江蘇棲霞寺、山東靈巖寺、浙江天台寺並稱「天下叢林四絕」。

▶ 玉泉寺毗盧殿，門楹上書「箭透新羅大展拈花之案；燈傳臨濟宏開選佛之場」。從此聯可以看出，玉泉寺除曾為天台宗和禪宗北宗道場外，也是南禪臨濟宗的重要道場。

荷澤禪的基本思想是什麼？

滑台大會之後，神會名聲漸高。唐天寶四年（七四五年），兵部侍郎宋鼎請神會入洛陽，住於荷澤寺。此後，神會便被稱「荷澤禪師」，他所建立的一派禪被稱為「荷澤宗」。所以，荷澤宗的思想主要是指以神會為中心的禪學思想。但這一宗的傳承只約四代一百餘年。

自稱為神會第四代法嗣的宗密在他的《禪源諸詮集都序》中，概括荷澤禪的基本思想如下：「諸法如夢，諸聖同說，故妄念本寂，塵境本空；空寂之心，靈知不昧。此即空寂之知，是汝真性。任迷任悟，心本自知；不藉緣生，不因境起。知之一字，眾妙之門。由無始迷之，故妄執身心為我，起貪瞋等念。若得善友開示，頓悟空寂之知，知且無念無形，誰為我相人相？覺諸相空，心自無念；念起即覺，覺知即無。修行妙門，唯在此也。故雖備修萬行，唯以無念為宗。」這一段話的要點有三個，第一是「知」為眾妙之門，第二是頓悟法門，第三是無念為宗。神會的「知」有兩方面含義。一方面，「知」即靈知、本覺，也就是真如、佛性。從這一意義上說，知便是心之本體，它是一種空寂的存在狀態。空寂之知，即是宇宙萬有的本源，能顯現種種差別色相，又是一種靈知，能洞察種種差別色相的虛幻不實性。這一思想反映的是神會的佛性論，這一佛性論是對慧能的繼承。把真如佛性看成人的唯一本質，乃是禪宗南宗的根本觀點。另一方面，「知」在神會那兒又有「知見」、「知解」的意義。神會說：「無住心不離知，知不離無住。知心無住，更無餘知。」（《南陽和尚頓教解脫禪門直了性壇語》）這裡的「知」便當作「知見」解。為此，保唐寺無相禪師批評

說：「東京荷澤寺神會和尚每月作壇場，為人說法，破清淨禪，立如來禪，立知見，立言說。」（《歷代法寶記》）神會本人也確實十分推崇知見，認為，「未得修行，但得知解，以知解久薰習故，一切攀緣妄想，所有重者自漸輕微。」（《神會語錄》）後來洪州門下直稱他為「知解宗徒」，應該說是有道理的。這一點上，神會與慧能又有所不同。

神會在南北禪宗纏鬥中一再抨擊北宗禪「法門是漸」，全力宣揚南宗頓悟學說，聲稱，「我六代大師，一一皆言單刀直入，直了見性，不言階漸」（《答崇遠法師問》）。他還進而把自己的頓悟法門建立在「一念相應」說基礎上。他認為，佛性與無明一時俱有，「覺了者即佛性，不覺了即無明」，覺與不覺只在一念，若「一念相應」，便可成佛：「只顯頓門，唯在一念相應，實更不由階漸。」（《神會語錄》）以此來反對北宗「以方便顯」、重視漸修的思想。

「無念為宗」出自慧能，神會認為，「無念」是體悟佛性、頓悟成佛的關鍵。他說：「所言念者，是真如之用；真如者，即是念之體。以是義故，立無念為宗。」（《神會語錄》）「念」有正念、妄念之別，都屬真如的作用；「無念」指無妄念，非指無一切念。透過「無念」法修習，發現真心，領悟「空寂自性」，實

現「自在解脫」。

　　由上可知，荷澤禪基本上是祖述慧能禪的頓悟成佛思想，但又比慧能多了點知解習氣而已。

▼ 甘肅敦煌唐代壁畫《樹下說法圖》，該畫以封閉構圖，表現了莊嚴靜穆且溫和愉悅的宗教境界。畫中佛陀結跏坐於菩提樹下，身著通肩朱紅袈裟，作說法狀；兩側四菩薩姿態各異。

怎樣全面評價神會？

神會在世時，為了取得南宗的正統地位，曾不避艱危，挺身與北宗抗爭，險遇不測。在他去世後，地位便不斷上升。

唐代宗寶應二年（七六三年），敕於洛陽龍門神會塔出興建寶應寺；接著於大曆五年（七七〇年），敕賜祖堂額號「真宗般若傳法之堂」；又於大曆七年（七七二年），敕賜塔額號「般若大師之塔」；其後，德宗貞元十二年（七九六年），敕皇太子召集天下大禪師，楷定禪門宗旨，搜求傳法旁正，決定立神會為七祖，並御制七代祖師贊文。但是由於某些原因，神會的七祖地位沒有為後世禪宗界所承認，神會的語錄和著作大多散佚（只有《顯宗記》一篇一向流傳於世）。二十世紀初，隨著敦煌寫本《神會語錄》等資料的發現和初步整理，神會在禪宗史上的地位問題被重新提了出來。

胡適先生首先發表看法，認為神會在禪宗史上的貢獻勝於慧能，其地位也遠在慧能之上。他說，神會是「南宗的急先鋒，北宗的毀滅者，新禪學的建立者，《壇經》的作者」；「在中國佛教史上，沒有第二個人有這樣偉大的功勳，永久的影響」（《荷澤大師神會傳》）。直至晚年，他始終堅持上述觀點，視神會為「中國禪宗佛教的真正開山宗師」，說禪宗南宗「完全是神會一個人單刀匹馬打出來的」。胡適的觀點曾引起不小的反響，雖然大部分人持不同意見，但也有不少受他影響的。

對神會加以全面評價不是一件容易的事。

一方面，我們看到，神會是為南宗爭正統的先鋒，他的不屈奮鬥對慧能南宗禪的聲譽和地位的提高有著重要的影響；在神秀北宗禪盛行和唯識宗、華嚴宗發達的中原地區，神會告訴僧俗，在南方還有另一派禪的存在。神會繼承和發揚慧能學說，針對神秀禪法的學究習氣，圍繞對方重視漸修實踐的弱點，在北宗勢力區域內大力宣傳、介紹了慧能頓悟禪的基本內容，為法統之爭確立起禪學的有力依據，他是初期禪宗教義的積極宣傳者。

另一方面，也應該看到，神會畢竟不是禪宗的創立者，南宗後來推翻北宗、成為禪宗正統也不是神會一個人的功勞。慧能作為禪宗的創立者已成基本定論，《壇經》作為慧能說法記錄也已成為歷史事實。神會是慧能弟子，而且也還不是主要弟子；他作為慧能的支持者，在禪學上沒有突破其老師的基本原則，所以宗密也說：「荷澤宗者，全是曹溪之

法，別無教旨」（《禪門師資承襲圖》）。神會取得「七祖」地位，是在他去世將近四十年後的事。這說明，在神會於南陽、洛陽「辨是非」、「定宗旨」之後，並沒有取得實質性勝利。事實上，神會後來受最高統治者重視的主要原因，並不在於他所宣傳的南宗教義，而是他在安史之亂期間的政治表現。因為他鬻牒度僧有功，使朝廷轉變態度，由過去的斥逐而改為支持；「七祖」的敕立，實質是統治者對神會政治貢獻所表示的褒獎，其用意在令後世僧侶們傚傚。

南宗是否已經戰勝或取代北宗，這不能以慧能、神會一派與神秀、普寂一派之間政治地位的浮沉作為標誌。事實上，北宗神秀系的衰落與神會北上抗衡沒有直接的關係，南宗神會系（荷澤宗）也並未成為禪宗主流。

▼ 少林寺白衣殿唐代初年「十三僧救唐王」壁畫。少林寺是中國佛教禪宗的祖庭，達摩曾在少林寺面壁九年。他提倡「靜坐默語，明心見性」，重坐禪。靜坐時間過久，肉體會受到損害，於是達摩便創造了一套活動筋骨的十八個動作，稱為「羅漢十八手」。相傳少林武術就是由達摩創造的「羅漢十八手」發展而來。

「衣缽相傳」指什麼？

　　「衣缽相傳」是佛家通用語，但起初卻是禪宗內部爭論的一個嚴肅而又敏感的重大問題。「衣」指袈裟（三衣），「缽」指食器。據說，當初釋迦牟尼在把「正法眼藏」付囑與迦葉的同時，還把自己所用的金縷袈裟和缽盂交授迦葉，這就是所謂「衣缽相傳」的來歷。

　　傳說，摩訶迦葉為了要續佛慧命，使法乳長流，就把正法眼藏和衣缽以單傳的形式傳給阿難，如此經二十七代，這衣缽便由般若多羅傳到了西天二十八祖（也是東土初祖）菩提達摩手上，上述傳說十分玄妙，但真正信服的人恐怕不會很多。

　　達摩以後，禪宗關於衣缽傳承問題有了爭論。神會在「定是非」的辯論裡堅持慧能是禪宗的正統，其理由之一，便是「代代相承以傳衣為信，令弘法者得有稟承，學道者得知宗旨不錯謬故」。神會說：「達摩遂開佛知見，以為密契，

便傳一領袈裟，以為法信，授與慧可。慧可傳僧璨，璨傳道信，道信傳弘忍，弘忍傳慧能。六代相承，連綿不絕。」（《南宗定是非論》）傳到慧能的這一領袈裟真實程度如何，我們不敢斷然下定論，但在唐中宗的詔書《召曹溪慧能入京御札》中有這樣一句話：「朕每究一乘，安、秀二師並推讓云，南方有能禪師，密受忍大師衣法，可就彼問。」（《全唐文》卷十七）所以神會說：「秀禪師在日，指第六代傳法袈裟在韶州，口不自稱為第六代。」於是他又提出了普寂同學廣濟

入韶州慧能房內偷所傳袈裟而為慧能喝出的故事，並「轉述」慧能的話說：「非直今日，此袈裟在信大師處一度被偷。所偷者皆不得。」（《答崇遠法師問》）神會還特別提到：「衣為法信，法是衣宗。衣法相傳，更無別付。非衣不弘於法，非法不受於衣。衣是法信之衣，法是無生之法。」（《頓悟無生般若頌》）這意思很明確：法衣所在之

處，便是禪宗正統所在之處，而這袈裟現在仍在南方曹溪。至於後來這袈裟又如何傳授，神會說得很隱約，這至少表示他沒有得著衣傳。而據現存的唐代文獻看，曹溪的傳衣曾於肅宗上元元年（七六〇年）取到宮中供養，不久於代宗永泰元年（七六五年）又送了回去（見《全唐文》卷四七），以後就下落不明了。

與此同時，成都保唐寺智詵─無住一派流傳著袈裟落在他們手中的說法。《歷代法寶記》說，則天武后迎請慧能未成，便敕使取來了袈裟，於內道場供養，後來武則天把這一領袈裟交給了智詵，令他「回故鄉永為供養」，並把此事派人轉告了慧能。這種傳說，似乎更不可靠。

有關袈裟的爭論和傳說，主要反映了禪宗內部派系為奪取正統地位而作的努力，在我們今天看來，確乎有

些不可思議，但對當日處於派系傾軋中的禪僧們來說，卻是利害攸關的大事。

目前比較統一的意見是，袈裟傳承問題，大概也就到慧能為止。後世佛教則借用這一傳說，將師父傳法於弟子統稱為「傳衣缽」。

◀ 楚廣東曹溪南華禪寺保存的六祖缽盂。

▶ 五代供養觀世音菩薩像，此畫的觀世音足踏蓮花寶座，面容慈祥。供養人張有成呈童子像。

南宗取代北宗的原因何在？

　　神會入洛之前，神秀系受到武則天和唐中宗的支持。這樣一派勢力，決不會因某個人的原因便被「摧毀」。事實上，神秀系的法脈幾乎延續到唐末，在傳承上比荷澤門派更為久遠。我們只有把宗教、神學問題放在世間現實生活的基礎上加以考察，才能正確理解它。南宗取代北宗，根本上說，乃是歷史的必然。

　　安史之亂打擊了數百年之久的門閥士族經濟。由於佛教在中國的傳播和發展，與士族制度形成、儒家名教衰落這一特定的歷史現象緊密相連，所以，士族經濟的崩潰，造成依附於這一經濟基礎的佛教勢力的衰退，而只有與士族經濟沒有聯繫或聯繫較少的佛教宗派才免遭厄難。安史之亂後，北方地區又經歷了唐武宗的滅佛運動以及唐末農民戰爭、五代割據戰亂。迭次的歷史事變，徹底摧毀了北方佛教宗派賴以存在的經濟條件，寺院被焚、僧尼逃亡、經籍散佚，「三寶」蕩然。唐武宗「會昌滅佛」，不僅使北宗禪無法繼續存在，而且也同樣使南宗荷澤禪失去必要的生存條件。

　　使北宗覆滅的是晚唐的歷史進程，武宗滅佛可以看作慧能南宗走向繁榮、取得勝利的轉折點。安史之亂主要波及區域是黃河流域；武宗滅佛未給長江流域及嶺南地區的禪宗各派以直接衝擊，唐末五代的迭次戰亂對這一地區造成的破壞相對也較輕微。慧能的另一些弟子們有條件在遠離政治中心的南方山水之間開闢局面，將禪宗推向它的繁盛階段。當神會在北方地區與神秀的後裔爭奪法統的同時，南嶽懷讓和青原行思在江西、湖南一帶開展著卓有成效的南宗禪的傳授和發展工作。經過幾代禪師的努力，當神秀、神會兩門派同時趨於衰微之際，南宗禪卻因得天獨厚的客觀條件而蔚然成為禪宗主流。

　　懷讓傳馬祖道一，道一門下人才濟濟，各成一方宗師。行思傳石頭希遷，希遷門人如丹霞天然、藥山惟儼、天皇道悟等都是風格鮮明的禪師。他們一致採取比慧能、神會等人更為靈活多變的方式傳授禪法，進一步改變禪宗的面貌，給禪的生命又一次注入強烈的元素。與他們的激烈峻拔的禪風相比，當初富有特色的慧能禪也只能算是循循善透，顯得簡略多了。其後，「五家禪」在此基礎上又有新的重大發展和突破；它們在宗門作風和門庭施設

上深具各自特色，宗眼分明，這絕不是慧能、神會等人所能預料的。

江西、湖南的禪以及後來的五家禪對慧能禪、荷澤禪的發展，主要表現在下述幾個方面。一是建立起分頭並弘、分燈越祖、自由開放的禪學傳授新思想，這一思想與政局的動盪割據、小農經濟的分散生產方式並無抵牾，從而使自身保持繼續開拓的潛力。二是極力反對知解言說，認為禪應該是一種直觀的領悟，任何語言文字都只會落入肯定或否定的執著，不能實現禪的切身體驗。三是大量吸取老莊思想，以「性在作用」的佛性論為前提，採取「順乎自然」、「任運」的方法，致力於精神本體「道」的體驗，超越「諸惡莫作，眾善奉行」的佛教基本戒條，推倒各種繁雜的傳統佛教形式。

◀「祖源」刻字，南嶽衡山磨鏡台以懷讓點化道一的典故聞名於世，南宗禪的兩大祖師曾在此機鋒問答。

▼ 南嶽衡山磨鏡台。道一是唐代著名禪師，俗稱馬祖。他初習北宗，在衡山坐禪苦修。慧能大師的傳法弟子懷讓見道一不凡，以磨鏡做磚引導開示。懷讓作偈雲，「心地含佛種，遇澤悉皆萌。三昧華無相，何壞復何成。」道一遂被開示，改歸南宗，後來成為南宗一代大家。

禪宗何時達於鼎盛？

　　禪宗自唐末開始進入繁榮時期，到五代、宋初便達於鼎盛。禪宗鼎盛的標誌是五家禪的相繼成立。當時參禪風氣很盛，各地禪僧不辭千里，遊州獵縣，過夏經冬，在南方青山綠水間來來往往，形成一派頗為壯觀的景象。

　　西元八世紀中後期，當石頭希遷和馬祖道一在湖南、江西活動時，南方禪宗已逐漸嶄露頭角。《宋高僧傳・希遷傳》引劉軻碑說：「自江西主大寂，湖南主石頭，往來憧憧，不見二大士為無知矣！」希遷在青原行思處學有所得後，回湖南衡山的南寺。因寺的附近有一巨石，平整如台，他就結庵其上，故被稱為「石頭和尚」。又因希遷的禪風和接引方法都很嚴厲，所以後人又說「石頭路滑」。也正因為路滑，反而吸引更多的人前去參學。道一也是有特色的禪僧，據說其師懷讓早年參見慧能時，慧能便預言：「汝足下出一馬駒，踏殺天下人。」這「馬駒」便是後來的道一。

　　五家禪之中，為仰宗於五代時十分活躍，到北宋，從慧寂以後傳三代，法脈不明。曹洞宗在唐末崛起，本寂的法脈，從本寂以後三世便中斷，後賴洞山弟子雲居道膺而得以繁榮。法眼宗在天台德韶時已很發達，至北宋初年達到鼎盛。雲門宗在五代勃興，進入北宋後，與臨濟宗並駕齊驅。上述四宗都創立並流行於南方地區，唯有臨濟宗創立於北方。但在後來發展過程中，各派傳播地域也有轉化趨勢，如雲門宗原流傳於廣東一帶，至北宋仁宗、神宗時，已轉入北方，而臨濟宗則在五傳以後進入南方湖南、江西地區發展。當時形勢，正如宋初贊寧所說：「天下禪宗如風偃草。」禪宗不僅在佛教界獨佔鰲頭，而且對世俗社會也深具影響。據說達摩當年曾立下「一花開五葉」的預言，現在看

來，到唐末五代時，確已「結果自然成」了。五家禪在傳播地域上幾乎席捲大半個中國，在最高統治者、朝廷達官貴人以及地方官僚士人的支持下，各家「立宗傳法」、爭艷鬥奇，大顯神通。

隨著禪宗進入鼎盛時期，禪僧不再依附於其它宗派的寺廟，他們有了自己獨立的寺院，這種寺院的規模還正在不斷擴大之中。參學僧眾少則三、五百，多則一、二千，忙忙碌碌，好生熱鬧。據載，雪峰義存居閩講法四十餘年間，「四方之僧爭趨法席者不可勝稱，冬夏不減一千五百」（《宋高僧傳》卷十二）。延壽住西湖永明寺時，「眾至二千人，時號慈氏下生」（《禪林僧寶傳》卷九）。這一局面的形成，與當時寺院經濟的再度發達有密切關係。唐末五代，南方大莊園式的傳統生產開始形成，如大潙同慶寺，「僧多而地廣，佃戶僅千餘家」（《五代史補》卷三）。吳越王錢鏐晚年，曾試圖招致禪僧師彥，師彥經反覆召請方來見錢鏐，但最後仍以「寺倉常滿」為由而辭去。

◀ 王維《山陰圖》。王維虔信佛法，他名維，字摩詰，連讀為「維摩詰」，取自《維摩詰所說經》。王維一變古來的鉤斫畫法，自創渲談的破墨法，於淡雅中透露出禪意。宋蘇東坡曾說：「味摩詰之詩，詩中有畫，觀摩詰之畫，畫中有詩。」

▲ 北宋集王書聖教序拓本。唐貞觀年間，玄奘從印度取經回國後，在長安主持譯經。為此唐太宗作序表彰其事，並將序冠於諸經之首，全稱《大唐三藏聖教序》（簡稱《聖教序》），先後共刻石4種。幾種拓本均為名家所書，其中《集王書聖教序》最得書家青睞。

「磨磚作鏡」故事說明什麼？

「磨磚作鏡」故事說明，禪宗的「禪」不同於傳統意義上的佛教坐禪。成佛只是意識的轉變、世界觀的轉變，它並不由坐禪來決定；坐禪不僅不能成佛，反而造成嚴重的取捨執著。

馬祖道一幼年依資州唐和尚（即處寂）出家，唐開元中在南嶽衡山結庵而住，整日坐禪，凡有來訪者都不予接待。據說他容貌奇異，牛行虎視，引舌過鼻。當時南嶽懷讓住在般若寺，見他形相不凡，知是法器，便前去加以誘導，問他道：「大德坐禪圖個什麼？」道一回答說：「圖作佛。」於是有一天，懷讓取了一塊磚，放在庵前石上研磨。開頭道一也沒有加以理睬。時間一長，他終於耐不住了，便問道：「磨磚作什麼用？」懷讓說：「磨它來作鏡子用。」道一接著問：「磨磚豈能成為鏡子呢？」懷讓於是反問道：「磨磚既然不能成鏡，那麼你那坐禪就能成佛了嗎？」道一聽後，急忙起身，請懷讓指點。懷讓告訴他：「好比牛駕車，車如若不動，是打牛好呢，還是打車好？你成天在這兒打坐，究竟是學坐禪呢，還是學坐佛？若說是學坐禪，禪並不是坐臥；若說是學坐佛，佛並無定相。禪門要道，不應有所取捨。你如果是坐佛，那等於殺佛。你如果執著坐相，說明你尚未懂得禪。」（見《景德傳燈錄》卷六）這就是禪宗史上著名的「磨磚作鏡」故事。

道一聽完懷讓一番說教，豁然契會，便拜他為師，服侍整整十年。後來他離開南嶽，獨自前往江西傳授禪法，開創「洪州禪」。

「磨磚作鏡」故事說明，禪宗的「禪」不同於傳統意義上的佛教坐禪。成佛只是思想意識、世界觀的轉變，它並不

由坐禪來決定；坐禪不僅不能成佛，反而造成嚴重的取捨執著。這一思想出自慧能，但懷讓透過具體的、實際的動作行為把它傳授給道一，便具有了特殊的意義。

其一，它反映了在慧能以後，禪宗繼續沿著慧能開闢的道路，運用主觀唯心思想原則，在解脫論的方法論上全力以赴。懷讓明白告訴道一，磨磚不能成鏡，坐禪也不能成佛，原因很簡單：鏡不由磚造，佛也不由坐而得悟。成佛的根本在於自心，因為自心等同於佛性，如果不去發現這一本具佛性，提倡主觀覺悟，即使坐一輩子禪，也還是毫無所得。這就要求禪僧注重自心的內向把握，向上提升。懷讓在道一轉變思維後，又及時加以誘導，用一首詩偈開示上述道理，說：「心地含佛種，遇澤悉皆萌；三昧華無相，何壞復何成。」這就再次要求他在自家「心地」上用功。後來道一也用這一思維開示他的弟子大珠慧海，說：「今問我者，是汝寶藏一切具足，更無欠少，使用自在，何假向外求覓？」又對眾僧說：「汝等諸人，各信自心是佛，此心即是佛心」，「心外別無佛，佛外別無心。」（《景德傳燈錄》卷六）解脫論的方法論對於禪宗來說，顯得特別重要，是它走向繁榮發達的一個相當重要因素。

其二，具體、實際的教育作為禪僧間學問的交流和傳授，引導禪宗進一步向神秘主義方向發展。磨磚不能成鏡這一比喻，只用幾個動作、幾句話就把禪宗一個原則問題說明了。後世禪家便紛紛仿而效之，用各種比喻、隱語、暗示、動作來表明自己的思想以及對禪的獨特見解，進而留下諸如「歸宗殺蛇」、「南泉斬貓」、「趙州放火」、「子湖夜喊捉賊」等荒誕不經的禪宗話頭，並進而發展為呵佛罵祖、辱毀經典的放浪舉止，便是使禪風繼續朝著激烈、自由、奔放、豁達的方向展開。禪宗史上，最先振起風浪，扇起潑辣禪風的便是道一，可見他受懷讓之教益不淺。

◀ 湖南衡山南嶽廟聖帝殿。
▲ 銅胎掐絲琺瑯香爐。

洪州禪的地位如何？

　　洪州，相當於今天江西修水、錦江流域和南昌、豐城、進賢等地。八世紀中葉，慧能的二傳弟子馬祖道一在這一帶開創了一脈特色鮮明的、頗有影響的禪派，被稱為「洪州禪」。百丈懷海以後，這一派禪的勢力日益強大，進而形成了「洪州宗」，一時與荷澤宗、牛頭宗成鼎足之局。

　　洪州禪對慧能禪作了重大發展，它一方面運用如來藏學說，另一方面顯示根本空義，在此基礎上建立起更為直捷的成佛說和更為簡易的禪法實踐。

　　宗密曾指出，洪州禪的根本特點是「觸類是道而任心」。「觸類是道」指的是禪學理論。據宗密解釋，修禪者「起心動念，彈指磬咳，揚眉瞬目，所作所為皆是佛性全體之用，更無第三主宰。如面作多般飲食，一一皆面。佛性亦爾，全體貪瞋癡造善惡受苦樂故，一一皆性」（《圓覺經大疏鈔》卷三）。從弘忍、神秀以來，都認為佛性乃是真心，清淨心，成佛便是修得這清淨心。洪州禪則一反其道，發展慧能的頓悟學說，主張修禪者應把人的行為綜合起來觀察，認為人的生心起念，一舉一動生命現象，都是佛性的表現；所謂善惡苦樂，也不外乎佛性的表現，所以叫「觸類是道」。「任心」指的是禪的實踐，意謂不要故意去想或去做什麼好事壞事（「不起心造惡修善」），只要能養神存性，不斷不造，任運自在，就進入成佛的境界。道一談他這一派的禪法說：「道不用修，但莫污染。何為污染？但有生死心、造作趣向，皆是污染。若欲直會其道，平常心是道。何謂平常心？無造作，無是非，無取捨，無斷常，無凡聖」；「只如今行住坐臥，應機接物，盡是道。」（《景德傳燈錄》卷二八）他認為，成佛之道不是透過修習能實現的，一旦修習，便有思想和行動的趣向，進而也就有了執著（污染）；實際上，日常生活中的行住坐臥、吃飯穿衣都是佛性的自然流露，都在通向佛道。

　　上述情況表明，洪州禪把莊子的精神實體「道」借用來說明佛性、真如、

法界的本質，並把平常心的任運看成是與道契合的唯一途徑，實際上是吸取了老莊的自然主義哲學，進而使禪宗的中國化又深入了一步。這一創舉促使禪的實踐與人們日常生活、行動、意念、情感進一步一體化。在教學方式上，洪州禪一再強調「為病不同，藥亦不同」的原則，故而反對一切繁雜的宗教儀式，採取更為機動、靈活的手段（如隱語、暗示、象徵，乃至喝、打、踢）。這些方式在實際運用中具有相當有效能喚醒自性中的覺悟與佛性。

洪州禪無論在禪學理論上，還是在禪的實踐上，都為後來的五家禪提供了依據；對於五家禪中的臨濟宗來說，洪州禪則是它的前身。

道一弟子懷海為洪州禪的發展作出過重要貢獻。他曾提出「割斷兩頭句」的思想，即主張在參學中採取離開一切分別有無、肯定或否定的說話方式，並進而認為必須否認以語言文字作為認識的一種手段。懷海直接指出：「自古自今，佛只是人，人只是佛，亦是三昧定。不用將定入定，不用將禪思禪。」（《古尊宿語錄》卷一）以為只要不執著外境，也不執著知解，便是「自由人」。懷海弟子希運更強調說，「我此禪宗，從上相承以來，不曾教人求知求解」，禪僧應該是「絕學無為閒道人」（《古尊宿語錄》卷二）。他們的思想為臨濟宗的創立提供了直接的理論依據，所謂「自由人」、「無為道人」，便是臨濟義玄「無位真人」、「真正學道人」的雛型。

概而言之，洪州禪是慧能禪發展為五家禪的接引禪法，也是禪宗發展史上的一個重要階段，它展現為禪的進一步中國化、老莊化，它引導後期禪宗轉向意境的體驗及脫離傳統禪的束縛。

◀ 江西南昌佑民寺大雄寶殿。

▲ 江西奉新百丈寺坐落於奉新百丈山大雄峰下，是中國佛教禪宗的「禪林清規」發祥地。

何謂「百丈清規」？

懷海是馬祖道一的弟子。道一去世後，他初住石門（今江西靖安縣），繼往新吳（今江西奉新縣），住大雄山，該山高峻挺拔，故又稱百丈山。百丈懷海由此得名。懷海對禪宗的重要貢獻，是制訂「禪門清規」，即後世所稱的「百丈清規」。

禪宗僧侶以往多半住於律寺，隨著禪宗事業的發展，參學僧俗日益增多，逐漸意識到在律寺中居住對於說法和住持有諸多不便，於是，從道一起便開闢荒山另建叢林，但當時尚未有叢林規章制度。懷海有鑑於此，決定加以改革，訂立「清規」。他折衷大、小乘戒律，以方便禪僧修習為宜，創議別立「禪居」；立德高望重、深具禪學見解者為禪院「長老」，或名「化主」，住於方丈。又規定，為了表示佛法的超乎言語，「不立佛殿，唯樹法堂」。參學僧眾不論高下、多少，一律入僧堂居住；在僧堂內設「長連床」，供坐禪偃息。除了入室請益（聽禪師開堂說法），聽任學者勤怠，或上或下無以拘持。還規定，禪院大眾「朝參夕聚」，

「長老上堂升坐，主事、徒眾雁立側聆，賓主問難，激揚宗要」，其用意在表示「依法而住」。「清規」還特別提出「行普請法」，即上下均力，開荒耕作自給，要求僧眾「一日不作，一日不食」。此外，對禪院實際事務也作了種種規定。

「百丈清規」使禪宗的體制更加中國化，對禪宗自身的發展有著重大推動作用。別立禪居，使禪眾僧侶直接從一般寺院中分離出來，成為自主的部分，這樣，禪宗作為一個獨立的佛教宗派最終成為重要的佛法傳承方式。不立佛殿，唯樹法堂，顯示了佛法的崇高性質以及僧眾在佛法面前的平等地位，它反映了禪宗對他力信仰、佛祖崇拜的著意否定。普請法的確立，與中國古代農業經濟的生產方式和生

活方式相適應；透過自力勞作，實現自給自足，使禪宗在困難環境下獲得生存的主動權，進而為它後來的繁榮奠定了經濟基礎。為此，宋贊寧說：「禪門獨行由海之始」。清規中許多有關禪僧生活的規定，一千多年來始終是禪宗和尚們必遵的基本戒規。總之，自懷海制訂清規以後，禪宗才完全建立起自己的生活方式，具備了向印度佛教全面挑戰的大本營。

原本《百丈清規》早已佚散，其基本內容，我們根據現存下述資料可略知大要：《宋高僧傳》卷十《懷海傳》，《景德傳燈錄》卷六所附《禪門規式》，《禪苑清規》卷十《百丈規繩頌》，《敕修百丈清規》卷八所附楊億《古清規序》等。此外「百丈清規」在流行過程中，伴隨寺院經濟的興旺發達，叢林僧眾不斷增加、禪院事務日益複雜，歷代多有所增訂改修的「清規」出現。現在能考見的，尚有以下幾種：北宋崇寧二年（一一○三年），宗賾重編的《禪苑清規》一○卷，或名《崇寧清規》；南宋嘉定二年（一二○九年），宗壽所編的《入眾日用清規》；南宋惟勉又於咸淳十年（一二七四年）編成《叢林校定清規總要》，又名《咸淳清規》；到元代至大四年（一三一一年），弋咸編成《禪林備用清規》，又名《至大清規》。為了有一統一定本，元順帝元統三年（一三三五年），命江西百丈山住持德輝編《敕修百丈清規》，頒行全國，此即今日叢林所傳的《百丈清規》，共八卷，內容與古清規已相去甚遠，面目全非。

◀ 石刻「天下清規」，據傳這四字出自唐代書法大家柳公權的手筆。懷海禪師的《百丈清規》是一套將生活和禪修結合的制度，對後世禪宗影響深遠。

▲ 百丈寺所在的西塔山。

《參同契》的中心思想是什麼？

　　《參同契》是石頭希遷所作偈頌體的五言小品，全文共三百一十字，被載錄於《景德傳燈錄》附錄中。《參同契》主旨在會通南北禪宗，但它所論述的理事關係卻是佛學的重大問題，影響相當深遠。

　　南宗受南方般若空觀影響較深，側重於理的悟解，故強調頓悟；北宗則繼承楞伽師禪學傳統，側重於事相的執著，故主張漸修。希遷《參同契》說：「靈源明皎洌，支派暗流注；執事原是迷，契理亦非悟。」「靈源」，指真如佛性、性理，它是明洌的本體；「事」，為靈源的派生物。「流注」，意謂不間斷，變化無常。大意是說，理事關係雖不明顯表現，但它確實存在；執著於外物當然是錯誤的，但如果不懂得「回互」關係，即使契理也不能說已達到了「悟」。

　　《參同契》的中心思想就是在這種理事、心物、內外的「回互」關係上表現出來的。理存在於一切事物之中，一切事物具有各自的理，一切事物又在本體理的基礎上既統一又區別，因而互相涉入融會，此為「回互」。一切事物又各住自己位次，相對獨立，並不顯得雜亂無章，是為「不回互」。理事之間、事事之間既具這種回互關係，又具這種不回互關係。一般所說「回互」也應包括「不回互」在內。所以《參同契》又說：「門門一切境，回互不回互；回而更相涉，不爾依位住。」為了進一步說明這種理事關係，希遷又以明暗加以比喻，說：「當明中有暗，勿以暗相遇；當暗中有明，勿以明相睹；明暗各相對，比如前後步。」這一說很有可能是對慧能「三十六對」中明暗一對（見敦煌本《壇經》第四六節）的發揮。

　　在希遷之前，華嚴宗學者已對理事關係作出深入具體的闡述。《參同契》的觀點可以看做是在華嚴「四法界」、「十玄門」等學說影響下產生的，它反映了禪宗在教理上已與華嚴思想結下不解之緣。由於希遷取華嚴學說入禪，而道一則取老莊思想入禪，於是，在風格上趨向有別，兩派分歧逐步明朗，其後許

多支派的繼續分裂也就不難理解了。受《參同契》啟發最大的是曹洞宗。曹洞宗提倡的「五位君臣」就是從這篇偈頌中演化出來的，它的「即事而真」說實際便是「回互」理論的具體運用。

後來宋明理學愛談理事問題，並把理事問題用「理一分殊」說加以歸納，認為理是整體，是一，在每一事中都有表現；同時又承認事的差別，是多種多樣的。這種思想的淵源便是《參同契》。

▼ 燃燈佛授記釋迦文圖卷。

什麼是「機鋒」？

所謂「機鋒」，或「鬥機鋒」，是禪宗因人因時因地而進行的一種相互印證悟性契理的教學方法。有時對同一問題作出不同的回答，有時對不同問題作出相同的回答，有時對提出的問題不作直截了當的回答，而是以種種反理性的形式發表自己看法。這也就是所謂「對病施藥」。

禪宗自稱釋迦牟尼教外別傳，以心傳心，所以他們把師徒之間在動作行為或言語上的相互默契看作是參學的究竟。起初一般採用隱語、比喻、暗示等方式，嘻笑怒罵皆禪機，以曲折隱晦的辦法繞路說禪，如當年懷讓以「磨磚不能成鏡」啟發道一放棄坐禪，而道一又以類似說教引導慧海發見自心佛性。後來進而發展為拳打腳踢，棒喝交加。下面試舉幾例予以說明。

僧問：「如何是吹毛劍？」師答：

「骼」。問者以為用無比鋒利的般若智慧之劍可以斬斷一切煩惱（這是傳統大乘佛教的基本觀點），就好像以最鋒利的鋼劍，只要把毛髮向它的刃上吹去，毛髮便立時而斷。但是骨骼根本無毛，所以縱然有吹毛立斷的利劍，也無處可施其能。這是說，從禪宗角度看，本來無菩提可證，無涅槃可得，一切執著都有害無益。

僧問：「不起一念，有過無過？」師答：「須彌山。」禪宗反對任何固定的、肯定的認識，如果有人把「不起一念」作為精神解脫的原則看待，執著於「不起一念」，其實這個「不起一念」的念頭本身也是錯誤的（過、過失）。「須彌山」，佛經中經常講到的最大的山，據說高八萬四千由旬（由旬，古印度計算距離的單位，一旬約三十里）。意思是說，即使不起一念，其過仍像須彌山一樣的大。正確的成佛道路應該是毫無計較、純任自然，所謂「饑來吃飯，睏來即眠」。

僧問：「如何是佛法大意？」師答：「面南看北斗。」北斗在北，只能向北看，面南當然看不到。但是，一旦回過頭來，北斗又恰在當前。禪宗主張神秘的內心反省功夫，「面南看北斗」就是這意思。至於「佛法大意」，禪宗認為是根本不存在的，釋迦牟尼一生沒有說過一個字，所以你若執著「佛法」，就必然放棄

內心反省，忘了自心佛性。

僧問：「如何是佛？」師答：「麻三斤。」這似乎是答非所問，牛頭不對馬嘴，但其用意十分清楚。那就是要把禪僧的一般思路擋回去，令他引起反照，反照自己成佛的本源。每個人本來是佛，只是沒有發現罷了。類似的機鋒如：問，「萬法歸一，一歸何處？」答，「我在青州作一領布衫重七斤」。問，「如何是佛心？」答，「鎮州蘿蔔重三斤」。問，「如何是祖師西來意？」答，「坐久成勞」，或答「板齒生毛」，或答「一寸毛重九斤」，或答「待洞水逆流，即向汝道」。如是不一而足。

按照禪宗所說，機鋒的運用應是自然的，因人而異的，最終目的是要直覺禪的深意，人人都去成佛作祖。作為教育方式的一種，弟子提出的問題本身也是一種激烈的機鋒，它可以是哲理性的、謎語式的，乃至相當乏味或無聊的。禪師的回答有深刻的，能產生令弟子反照、省悟的作用，也有禪師因禪悟不及弟子，卻又不願丟失面子，便故意作態。所以，並非所有機鋒都能加以分析、解釋。

◀ 清代銅香爐。
▼ 五祖寺昆虛殿。

什麼是「棒喝」？

禪宗認為，語言、文字、概念只會給人增加負擔，而不能教人去發現佛教的真理。為使禪僧放棄各種形式的外向追求，一意於自己內心的發掘上用功，禪師在機鋒運用基礎上，根據不同對象，採取棒喝手段，令對方從執著中猛醒過來，直下頓悟自心佛性。

據說一個好的禪師，從來不作任何正面說法，而是以種種奇特手段令弟子自悟。為山靈祐告訴他弟子香嚴智閑說：「如果要我說，我說的只是我的見解，對你的自悟毫無意義。」智閑便辭師而去。有一天，他在山中芟除雜草，以瓦礫擊竹，發出脆響，便失聲笑了起來，突然間醒悟了。他說：「為山對我來說恩逾父母，當初若為我把道理說了，哪會有我今日的自悟？」

相傳「棒」的使用，始於黃檗希運和德山宣鑑；「喝」的使用，始於臨濟義玄，故有「德山棒，臨濟喝」之說。《古尊宿語錄》卷五有一段關於義玄在希運處三度被打的記述，十分精彩，不妨抄錄。「師（義玄）初在黃檗會下，行業純一。首座乃歎曰：『雖是後生，與眾有異。』遂問：『上座在此多少時？』師云：『三年。』首座云：『曾參問也無？』師云：『不曾參問，不知問個什麼？』首座云：『汝何不去問堂頭和尚，如何是佛法的大意？』師便去，問聲未絕，黃檗便打。師下來。……如是三度發問，三度被打。……師去辭黃檗。檗云：『不得往別處去，汝向高安灘頭大愚處去，必為汝說。』師到大愚。大愚問：『什麼處來？』師云：『黃檗處來。』大愚問：『黃檗有何言句？』師云：『某甲三度問佛法大

意，三度便打，不知某甲有過無過？』大愚云：『黃檗恁麼老婆心切，為汝得徹困，更來這裡問有過無過！』師於言下大悟，云：『原來黃檗佛法無多子！』大愚搯住云：『這尿床鬼子，適來道有過無過，如今卻道黃檗佛法無多子。你見個什麼道理？速道！』師於大愚脅下築三拳。大愚托開云：『汝師黃檗，非干我事。』師辭大愚，卻回黃檗。……黃檗云：『大愚有何言句？』師遂舉前話。黃檗云：『作麼生得這漢來，待痛與一頓。』師云：『說什麼待來，即今便吃。』隨後便掌。黃檗云：『這瘋癲漢，卻來這裡捋虎鬚！』師便喝。黃檗云：『侍者引這瘋癲漢參堂去！』」可見，以心傳心，心心相印的「佛法大意」是不能用正面語言來表達的，所以只有採取這些極端的方式了。

又見《景德傳燈錄》卷十五記載，

「師（宣鑑）上堂曰：『今夜不得問話，問話者三十拄杖。』時有僧出，方禮拜，師乃打之。僧曰：『某甲話也未問，和尚因什麼打某甲？』師曰：『汝未跨船舷時，便好與三十拄杖。』」雖未發問，但已有了發問的念頭，所以也得挨打。

又見一位不知趣的禪僧龍牙問翠微禪師「何為祖師西來意」（即達摩從西天來幹什麼），翠微答道：「給我拿過禪板來。」龍牙不知其意，便遞過禪板。翠微操起禪板隨手便打。龍牙說：「打盡管打，究竟什麼是祖師西來意呀？」後來龍牙又去問義玄，義玄也如法炮製。

後世藉用禪宗棒喝，稱警醒人們執迷不悟為「當頭棒喝」。

◀ 明陳洪綬無法可說圖。
▲ 佛教法器銅鈸。

丹霞燒佛像是何道理？

丹霞天然是石頭希遷的弟子，禪宗史上曾留下不少有關他的趣事，焚燒木佛是其中之一。在丹霞看來，木佛是用木頭雕成，它只是信仰的象徵，本身不是佛；禪宗反對偶像崇拜，只承認自己本心的主宰，所以用木佛燒火取暖無損於成就佛道。

丹霞禪師原是儒生，熟習儒書。有一年，他往長安應試，在旅店借宿時遇一禪客。禪客問：「到哪裡去？」丹霞回答：「選官去。」禪客說：「選官不如選佛。」丹霞便問：「選佛應該到哪裡去？」禪客告訴他：「如今江西馬大師（道一）出世，那兒正是選佛的場所，你可去他那兒。」所謂「選官」，是指選擇為官的捷徑；所謂「選佛」，是指選擇做佛弟子的門路。當時南方禪風掀起，招引了不少文人學士，丹霞深知其中奧妙，聽了禪客指點，便決然放棄選官機會，直奔江西。

初見道一，丹霞以手托頭額（意為要求剃度，作他弟子）。道一看了好久，知道他不是等閒之輩，要打發他走，說：「南嶽石頭希遷是你的老師，你去罷。」於是丹霞來到南嶽。初見希遷，同樣以手托頭額，希遷說：「到槽廠去。」丹霞按照希遷意思入行者房，當燒飯工，前後凡三年。一天，希遷令眾僧剷去佛殿前草，這時只見丹霞用盆盛水洗頭，在希遷面前跪下。希遷會意，露出微笑，給他剃了髮（正式出家成佛弟子）。接著，希遷正要為他說佛教戒律，他卻掩住耳朵跑走了。

丹霞離開希遷，再次來到江西參見道一。還未行參拜之禮，便闖入僧堂，騎坐於某僧的脖子上，僧眾一時大驚失聲，急忙告知道一。道一親自入堂察看，說了一句：「我子天然。」丹霞立即下地禮拜，感謝師父賜他法號。

在得到希遷剃髮、道一賜號之後，丹霞便開始了四出遊方的生活，其間又有兩件軼聞留傳於後世。

唐元和三年（八○八年）的一天，丹霞橫臥於洛陽天津橋，擋住了留守鄭某的車輪。鄭某問他：「為何擋住我的車？」他卻慢條斯理地吐出三個字：「無

▶青原行思禪師像，行思禪師是唐代高僧，佛教禪宗七祖，禪宗青原派系——曹洞、雲門、法眼三宗的鼻祖。

▶青原山淨居寺。行思於唐玄宗開元二年（七一四年）來到青原，在淨居寺大倡禪學，格守不立文字的祖訓，弘揚頓悟學派，宗風大振，四方來參者甚眾。

事僧。」鄭某大加賞識，奉送財物，日給米麵供養。一時間，洛陽僧俗紛紛歸信。這是其中一件。

另一件便是燒佛像事。元和年間，丹霞在洛陽龍門香山居住，冬天外出，在慧林寺遇大寒天氣，他不顧主人厲聲斥責，逕取寺中木佛投入火中，以驅寒取暖。

焚燒佛像在傳統佛教看來是絕不容許的，但丹霞卻有自己的理由。慧林寺院主問他：「為什麼燒我寺院的木佛？」他以杖子撥灰說：「我燒取舍利。」院主道：「木佛哪來的舍利？」他答道：「既無舍利，那就再拿兩尊來燒。」事實上，釋迦牟尼在世時，從未教人崇拜偶像，他臨死時，只要求弟子「依法不依人」即根據他留下的教導行事。佛像雕刻是在釋迦去世數百年以後才出現的事，這與原始佛教的無神教義是相悖的。當然，禪宗則更從般若空觀的角度來看待佛像。丹霞後來在法堂上對他的弟子們說：「禪可是你解底物？豈有佛可成？佛之一字，永不喜聞。……今時學者紛紛擾擾，皆是參禪問道。吾此間無道可修，無法可證。一飲一啄各自有分，不用疑慮。在在處處有恁麼底，若識得釋迦即老凡夫是，阿你須自看取，莫一盲引眾盲，相將入火坑。」（《景德傳燈錄》卷一四）從禪宗角度看，丹霞燒佛像是符合它的思想發展趨勢的。

至於丹霞其他一些舉止行為，一方面反映了他對禪宗教義獨具慧眼的理解，另一方面也應該指出，那是提高聲譽的特殊手段，非驚世駭俗之舉，不能引起輿論重視；非荒誕怪僻之行，不足以在禪宗界為人歸信。它既顯示丹霞作為知識階層僧侶的觀念，又滿足了時下文人士大夫對精神啟示的渴求。

如何看待禪僧「呵佛罵祖」？

「呵佛罵祖」是慧能以後佛教禪宗的歷史趨勢，在五家禪時期表現得淋漓盡致，代表人物有德山宣鑑、臨濟義玄等。「呵」，大聲喝斥之意；「呵佛罵祖」，即喝斥諸佛，辱罵禪宗祖師。

德山宣鑑是石頭希遷下三世孫，對《金剛般若經》深有體會，曾上堂告訴弟子們說：「於己無事則勿妄求，妄求而得亦非得也，汝但無事於心、無心於事，則虛而靈、空而妙。」這就是他以《金剛經》思想來看整個世界人生的心得。由此出發，便有可能發展為呵佛罵祖，正如他同時代的禪僧潙山靈祐預言說：「是伊（宣鑑）將來有把茅蓋頭，罵佛罵祖去在。」宣鑑在這方面的言論很豐富，試摘數則。如僧問：「如何是菩提？」他邊打邊喝道：「出去，莫向這裡屙！」僧又問：「如何是佛？」他回答：「佛即是西天老比丘。」繼而更宣稱：「我這裡佛也無，祖也無。達摩是老臊胡，十地菩薩是擔屎漢，等妙二覺（即佛）是破戒凡夫，菩提涅槃是系驢橛，十二分教（全部佛經）是鬼神簿、拭瘡疣紙。初心十地（菩薩）是守古塚鬼，自救得也無。佛是老胡屎橛。」還罵道：「仁者莫求佛。佛是大殺人賊，賺多少人入淫魔坑，莫求。文殊、普賢是田庫奴（無智慧者）。可惜一個堂堂丈夫兒，吃他毒藥了。」在罵倒了佛、菩薩，推翻了三藏經典權威之後，還覺不過癮，便罵到了在世的和尚們。他說道，有那麼些學佛之輩，「到處向老禿奴口裡，愛他涕唾吃，便道我是入三昧，修蘊積行，長養聖胎，要成佛果。如斯等等，我看似毒箭入心。」他規勸這批拜師學佛者說：「老胡（指釋迦）經三大阿僧祇劫，即今何在？活了八十年便死去，與你有何分別，緣何發瘋受騙？」

臨濟義玄也說道：「求佛求法，看經看教，皆是造業。你若求佛，即被佛魔攝你；你若求祖，即被祖魔縛你。你若有求皆苦，不如無事。」甚至提出「殺佛」主張：「欲得如法見解，但莫受人惑，向裡向外，逢著便殺。逢佛殺佛，逢羅漢殺羅漢，逢父母殺父母。」又說：「夫大善知識，始敢毀佛毀祖，是非天下，排斥三藏教。」「三乘十二分教，皆是拭不淨故紙；佛是幻化身，祖是老比丘。」「等妙二覺擔枷鎖漢，羅漢辟支猶如廁穢，菩提涅槃如系驢橛。」（上述引文見《景德傳燈錄》卷十二、十五等）

應該如何看待上述這種現象呢？

我們認為，呵佛罵祖與丹霞燒木佛在覺性思維是一致的。首先，大乘空宗佛教實相說和般若思想的發展，本身潛伏著向對立面轉化的可能性。其次，佛教傳播日久，逐漸與中國傳統思想融合，促進了泛神論的發展。第三，禪宗本身又經歷了各代祖師的改造，致力於把佛性從彼岸世界拉回到個人的內心世界。在他們看來，非心非佛、呵佛罵祖，符合大乘佛教空宗般若學說。既然佛祖、經論都是實相（空），求佛求祖、迷信經典，只會喪失自信，束縛個性。

客觀上說，「呵佛罵祖」對於禪宗的繁榮發達、佛教中國化全面推進影響極

大。它把西天佛祖從神聖的地位上拉向世俗，這是一個了不起的舉動。宣鑑、義玄等人號召人們不要再做西方佛祖的奴僕，不要貶低自己，而要建立個人的自信，肯定現實中人自身的價值，這就不止是對傳統佛教的衝擊，而且客觀上也是對束縛人身自由的傳統倫理道德規範的衝擊。

但我們也應看到，呵佛罵祖者並未放棄宗教神學的基本立場。他們的言論本質上是指向那些不夠專誠和缺乏主觀精神的宗教學說；呵佛罵祖並不妨礙對成佛作祖的追求，否則出家也就毫無意義了。

▲ 六尊者像，唐代畫家盧稜伽《十八羅漢圖》的留世部分。作者採用游絲描勾畫人物，線條流暢，動感強烈，顯示出早期佛教人物威嚴尊貴而又帶有世俗化的特點。

臨濟宗的思想特點是什麼？

　　臨濟宗的創始人是義玄。他受黃檗希運印可後，輾轉來到北方，在河北鎮州（今正定）臨濟建立寺院，廣接徒眾，獨樹一幟，形成宗派。臨濟宗有自己獨特的世界觀和解脫論，有一整套靈活的接引弟子的方式，因而在唐末五代時獲得迅速發展，成為後期禪宗五家中傳承最久遠、影響最廣泛的一家。

　　以義玄為中心的臨濟宗思想特點可歸納為以下幾個方面。

　　第一，徹底的主觀唯心主義宗教世界觀。義玄對客觀世界的否定，表現出極為堅決的態度。他說：「約山僧（義玄自稱）見處，無佛無眾生，無古無今。得者便得，不歷時節。無修無證，無得無失。」就是說，整個世界只是虛無、空幻。所以他又說：「你若達得萬法無生，心如幻化，更無一塵一法，處處清淨，是佛。」所謂佛，便是對世界空無、清淨的認識。在徹底否定客觀世界的同時，義玄強調了主觀精神因素，把它視為解脫的最終根源。他說：「你欲得作佛，莫隨萬物。心生，種種法生；心滅，種種法滅。一心不生，萬法無咎。」又說：「你要與祖佛不別，但莫外求。但一念心上清淨光，是你屋裡化身佛；你一念心上無分別光，是你屋裡化身佛；你一念心上無差別光，是你屋裡化身佛。」意思是說，能否成佛，完全決定於「一念心」。由於義玄強調「一念心」，使他沿著慧能開闢的「心佛平等」、「自性是佛」道路向前推進一步，公開大膽地提出對佛的挑戰，肆無忌憚地呵佛罵祖。

　　第二，提出做「真正學道人」的主張。所謂「真正學道人」，即要有「真

正見解」。何為「真正見解」？義玄說：「且要自信，莫向外覓」，「但莫受人惑。」他認為，「真正學道人，唸唸心不間斷。自達摩大師西土來，只是覓個不受惑的人。」簡言之，「真正見解」便是「不受人惑」。從建立「不受人惑」的自信出發，他對具有「真正見解」的「真正學道人」給予高度的重視。他說：「目前孤明歷歷地聽者，此人處處不滯，通貫十方，三界自在。」所謂「孤明歷歷」的「聽者」，即禪宗常說的「本來面目」，也就是佛性。佛性從本以來不曾欠少，人人具足。義玄就是要人體驗這一佛性，不要為三乘十二分教、坐禪說法等所惑。與「真正學道人」相聯繫的，是「無位真人」。所謂「無位真人」，它存在於人的生命活動的一切方位，具有萬能的、變化莫測的特徵。實際上，它是指「真正學道人」透過自信、覺悟而達到的精神境界，一種與佛平等一如的境界。

　　第三，提倡「立處即真」的自悟。義玄認為，「佛法無用功處，只是平常無事，屙屎送尿，著衣吃飯，睏來即臥」。佛道「觸目皆是」，只要「處處不疑」，「隨處作主，立處即真」，便「無不甚深，無不解脫」。他用詩偈描述這一思想說：「心隨萬境轉，轉處實能幽；隨流認

得性，無喜亦無憂。」
（以上引文皆見《臨濟
錄》）很顯然，這種
「立處即真」的自悟，
是對洪州禪的繼承和發
展，其結果是使禪僧在
宗教實踐中，把禪與日
常生活行為更普遍地聯
繫起來。

臨濟宗歷來有「大
機大用，脫羅籠出窠
臼，虎驟龍奔，星馳電
激，轉天關斡地軸，負
沖天意氣，用格外提
持，卷舒擒縱活殺自
在」（《人天眼目》卷
二）的美譽，在五家禪
中表現最為自由、活
潑、灑落。我們當然清
楚，這種自由、活潑、
灑落的禪風，正是以它
的宗教哲學思想為前提
的，是以對世界和人生
的主觀唯心主義認識為
基礎的。

▶ 晴巒蕭寺圖，作者為宋代李
成。蕭寺的一座樓閣突出在畫
面當中，其餘建築掩藏在山巒
樹木之間。

何謂「四賓主」？

　　「四賓主」是五家禪中臨濟宗採用的一種門庭施設。它由義玄創立，意在透過師徒（或賓主）之間的問答形式，測試對方的見解，衡量雙方學識的真偽。

　　據宋智昭所著《人天眼目》，「四賓主」具體內容是這樣的：「參學人大須仔細，如賓主相見，便有言說往來。或應物現形，或全體作用，或把機權喜怒，或現半身，或乘師子，或乘象王。如有真正學人，便喝先拈出一個膠盆子，善知識不辨是境，便上他境上，做模做樣。學人又喝，前人不肯放，此是膏肓之病，不堪醫治，喚作『賓看主』。」「或是善知識不拈出物，隨學人問處即奪，學人被奪，抵死不放，此是『主看賓』。」「或是學人，應一個清淨境界，出善知識前，善知識辨得是境，把得住拋向坑裡。學人言，『大好』，善知識即云，『咄哉，不識好惡』，學人便禮拜。此喚作『主看主』。」「或有學人，披枷帶鎖，出善知識前，善知識更與安一重枷鎖，學人歡喜，彼此不辨，喚作『賓看賓』。」

　　文中借立兩方：「善知識」是禪師，為「主」；「學人」是徒弟，為「賓」。「膠盆子」，指外境、客觀對象。舉出師徒在學問水平方面的四種可能存在的情況。一是「賓看主」，指徒弟比禪師更有見地，所以他故意試探老師，而老師卻執著於外境，而且裝模作樣。二是「主看賓」，指與上述情況正相反，學生死抱住錯誤見解不放，老師卻顯得十分自信。三是「主看主」，指禪師與徒弟透過鬥機鋒，認識統一，見解一致，都對外境無所執著。四是「賓看賓」，指禪師與徒弟都執著外境，「披枷帶鎖」，彼此不辨，自以為是，不能醒悟。

　　「四賓主」的施設，根本目的是為了培養禪僧（包括師、徒雙方）站穩自體悟性立場，表現出臨濟宗的宗教神學本質。但是，它對於促進禪門師徒間不拘學歷、地位、資格的靈活的相互啟發、提示，保持活潑自由的禪風都具有積極意義。某種角度上說，它表現了禪宗所宣稱的「平等」精神。這是臨濟宗在五家禪中建立霸主地位的重要原因。

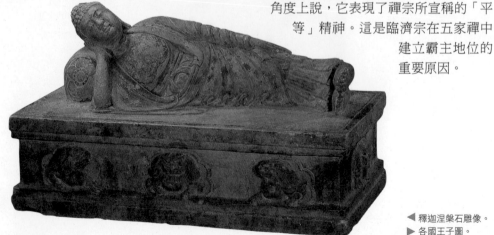

◀ 釋迦涅槃石雕像。
▶ 各國王子圖。

怎樣理解「四料揀」？

　　「四料揀」是臨濟宗的又一重要門庭施設，也由義玄創立。據《人天眼目》，「四料揀」是：「我有時奪人不奪境，有時奪境不奪人，有時人境俱奪，有時人境俱不奪。」

　　與「四料揀」相應，類似的施設為「四照用」，兩者通常同時運用，互為補充。「四照用」是：「我有時先照後用，有時先用後照，有時照用同時，有時照用不同時。」

　　「奪人」，指擯棄、剝奪「我執」。「我執」，即對「我」的執著。佛教認為，「我」只是因緣和合的假象，並無真性實體；世人執著於「我」，以為是有主宰的、實在的自體，便產生種種謬誤和煩惱。「奪境」，指擯棄、剝奪「法執」。「法執」即對「法」的執著。「法」指一切事物和現象。佛教認為，一切「法」都無自性，客觀外界沒有獨立自存的實體，處於剎那生滅變化之中；世人執著於「法」，予以虛妄分別，必然妨礙對真如的悟解和體驗。「照」是「寂照」的照。「寂」指真如本體；「照」指真如妙用，

在「四照用」中借用為否定（排斥）主觀自體（人我）。「奪人不奪境」是對「我執」嚴重的人說的，即先破「我執」，暫時保留「外境」，也就是「先用後照」即先否定「我執」，再否定「法執」。「奪境不奪人」與「奪人不奪境」正好相反，是對「法執」嚴重的人說的，即先破其「法執」，暫時保留「我執」，也就是「先照後用」。「人境俱奪」是對「我執」和「法執」都很嚴重的人說的，即要「人我」、「外境」同時破除，也就是「照用同時」。「人境俱不奪」，是對既無「我執」又無「法執」的人說的，也就是「照用不同時」。

　　「四料揀」（以及「四照用」）是為嚴格訓練禪僧堅定禪法修為而施設的。大乘佛教認為，世界的一切都是顛倒和虛妄的，任何對自我和外境的執著都與佛教的基本原理和最終目的相違背。禪宗的宗教哲學不僅否認客觀外部世界以及禪僧自我個體的存在，而且還否認自我的主觀認識能力。臨濟宗正是採取這樣的極端態度，並在此基礎上建立起它的認識論。這種認識論的實質是否認認識本身，排斥認識的可能性，所以最終剩下的只是直觀、了悟自心本性的體悟。

◀ 佛教法器金包白法螺五件。

▲ 大足石窟六道輪迴。

「三玄三要」的內容和影響如何？

　　「三玄三要」是臨濟宗接引參學弟子的手段之一。據《人天眼目》載：「師（義玄）云：『大凡演唱宗乘，一語須具三玄門，一玄門須具三要，有權有實，有照有用』。」何為「三玄」？何為「三要」？它們的關係如何？禪門各家看法不一，現據《五家宗旨纂要》予以剖析。

　　「三玄」的第一玄名「體中玄」，是指使用一般的語句，發自於真實的心體，以顯示真實的道理。參學弟子雖然明白其中道理，但因機用滯著於悟的境域，而不能得著真正的自由。第二玄名「句中玄」，這是指使用語意不明確的巧妙言說，不拘泥於語言

本身，但能顯示其中玄妙道理，意謂已進入相對自由境界。第三玄名「玄中玄」。《纂要》說：「如趙州答庭柏話。此語於體上又不住於體，於句中又不著於句，妙玄無盡，事不投機，如雁過長空，影沉寒水。」「庭前柏樹子」是一則著名公案，趙州從諗曾用這一句話回答「如何是祖師西來意」一問，以攔截弟子的習慣思路，使之反顧自悟。所謂「於體上又不住於體，於句中又不著於句」，是說語言雖出自心體卻又離於心體，雖有所表達卻又不具體說出，參禪者只有從中切身體驗，猶如「雁過長空，影沉寒水」，進入所謂絕對自由的精神境域。

　　「三要」與「三玄」配合，著重指出言說要點。第一要，強調擯絕一切客觀事物，在破相上下功夫，不離正面語言。汾陽善昭把它具體的敘述為：「根境俱忘絕朕兆，山崩海竭灑飄塵，蕩盡寒灰始得妙。」第二要，強調隨機應變，不執著於言句，靈活應用，進入玄妙境域。汾陽善昭表述為：「鉤錐察辨呈巧妙，縱去奪來掣電機，透匣七星光晃耀。」第三要，強調隨機發動、反照一心，即使有所言說，也必須是超越肯定、否定，非肯定、非否定等形式。汾陽善昭表述為：「不用垂鉤

並下釣，臨機一曲梵歌聲，聞者盡教來反照。」

在義玄之前，百丈懷海已經提出「割斷兩頭句」，即離開一切分別有無、肯定或否定的說話方式。在洪州禪看來，任何語言都有可能落入肯定或否定的一邊，只有將自我精神無限擴充，與宇宙融為一體，在絕對精神統一的意境中才能體驗「言詮不及、意路不到」的自性世界。義玄的「三玄三要」顯然是對懷海這一思維的發展，它使禪宗在否定言說的作用和對意境的追求方面又前進了一大步。

「三玄三要」的根本用意是破除參禪者對「法」、「我」的執迷。這是從體上開示的第一步，實際上也是所有禪僧入門的基本功。在破除了外內、法我執著的基礎上，它著重指出語言文字的某種局限性，進一步誘導禪僧步入宗教神秘主義的玄境，或是採取「絕相離言」手段，代之以揚眉瞬目，棒喝踢打；或是使用「臨機一曲」方式，即以暗示的、意在言外的、不置可否的、毫無意味的話表達禪意。

對此「三玄三要」，汾陽有一總頌，說：「三玄三要事難分，得意忘言道易親；一句明明該萬象，重陽九日菊花新。」（《人天眼目》卷一）認為要把它真正說清楚，理解透徹，並能隨機應用，不是一件容易的事，但對成佛的體驗來說，透過這種「得意忘言」的途徑最為親切。事實上很難把「三玄三要」的言說原則和要點付諸實踐，更不用說後人還曾分別為「三玄」的每一玄立「三要」了。但它向我們提出了一個重大問題。它把玄學的「得意忘言」說搬到禪宗領域，進而使禪的意境問題更為突出起來。後期禪宗一些不合常情和邏輯的行為、語言，很大程度上取決於此，佛眼清遠道：「真實到家者，得意忘言」，「言意兩忘，十方咸暢。」（《古尊宿語錄》卷二七）黃龍慧南說：「須窮二老之意，莫逐二老之言。得意則返正道而歸家，尋言則蕩邪途而轉遠。」（《黃龍慧南禪師語錄》）這種不著於言辭、尋求言外之意的思想對唐宋以後詩詞、繪畫等文學藝術形式也曾產生過深遠影響。

◀ 青玉雕觀音。
▲ 沙汀煙樹圖。

何謂「五位君臣」？

曹洞宗由唐末僧人洞山良价和其弟子曹山本寂共同創立，它在五家禪中的影響僅次於臨濟宗，以獨特的思想風格而令人注目。「五位君臣」是曹洞宗的重要教義。

曹洞宗因受希遷《參同契》中「回互」說的影響，特別重視如本體（理）與現象世界（事）的關係。良价和本寂從理事個別交涉的關係上，建立各種「五位」（五種位次、境地）的學說，並以此接引、勘驗參學弟子。「五位」學說中以「五位君臣」最有特色。

「五位」以偏、正加以顯示。「偏」代表事，「正」代表理，事理互相配合（偏正回互）便構成五種形式。本寂解釋說：「偏位即色界，有萬形象」，「朕兆生來，故有森羅萬象隱顯妙門也」；「正位即屬空界，本來無物」，立於「朕兆未生」之位。曹洞宗認為，在真如本體與世界萬物的關係上，有四種可能出現的片面性認識，一是雖承認有所謂的精神本體，但不懂得萬物由精神本體派生，於體用關係上忽視用的一面，這叫「正中偏」，屬君位，應以「體起用」的理論加以糾正，使之「背理就事」。二是雖承認現象是假，但不懂得透過現象進一步探求客觀的精神本體，體用關係上缺少體的一面，這叫「偏中正」，屬臣位，應以「用歸體」的理論加以糾正，使之「捨事入理」。三是既承認有所謂精神本體，又已開始由體起用，但尚未臻完善，這叫「正中來」，或「君視臣」。四是既承認現象是假，又力圖透過所謂幻想去探求精神本體，但也未臻於完善，這叫「兼中至」，或「臣向君」。曹洞宗認為，只有堅決從唯心主義立場完整地對待現象與本體的關係問題，即既承認萬物由本體派生，又承認萬物本質是空無自性，才能克服上述四種錯誤，這時叫「兼中到」，或名「君臣道合」。

曹洞宗視「道合君臣，偏正回互」為理想的世界觀，具備這一世界觀時，便能「冥應眾緣，不隨諸有，非染非淨，非正非偏」。或者被具體地描述為：「混然無內外，和融上下平」；「臣主相忘古殿寒，萬年槐樹雪漫漫，千門坐掩靜如水，只有垂楊舞翠煙。」也就是說，這時已達到體用圓融，理事圓融，人、情、境圓融的至極境界。

清涼文益在《宗門十規論》中曾給曹洞宗的「偏正回互」（五位君臣）思想以重要地位，說：「大凡祖佛之宗具理具事，事依理立，理假事明，理事相資，還同目足。若有事而無理則滯

泥不同，若有理而無事則汗漫無歸。欲其
不二，貴在圓融。且如曹洞家風，則有偏
有正，有明有暗。……苟或不知其旨，妄
有談論，致令觸淨不分，謬訛不辨；偏正
滯於回互，體用混於自然。」他指責有些
人對曹洞宗旨缺乏真正認識，只有看到偏
正的回互一面，事實上，曹洞宗講偏正、
臣君，不僅說了回互，而且也包括了不回
互，這才是完整的體用關係、理事關係。
所以歷來有曹洞「家風細密，言行相應，
隨機利物，就語接人」之譽，與臨濟宗的
大刀闊斧形成鮮明對比。

◀ 普利寺逢渠橋，普利寺始建至今已逾千年，逢渠橋的歷史
　已不可考。相傳洞山良价拜會雲巖曇晟禪師，臨別時，過
　此橋而徹悟禪機，留下了一段公案。
▼ 普利寺墓塔。高僧圓寂後，常於寺院附近建塔瘞其舍利，
　日久天長，遂成塔林。
▶ 普利寺瀑布。

什麼是「雲門三句」？

　　雲門宗由文偃在韶州雲門山（今廣東浮源縣北）創立。該宗在宋初曾達到鼎盛，但在南宋後走向衰微。雲門宗認為萬事萬物都能體驗真如，都有佛性，著重一切現成，即事而真。「雲門三句」指文偃向參禪弟子們所說的該宗基本教義，它們是：涵蓋乾坤，截斷眾流，隨波逐浪。

　　關於「涵蓋乾坤」，雲門宗認為，世界一切事物，都是由真如、佛性衍生的。真如佛性是宇宙萬有的本體，所以，舉此本體，便可涵蓋乾坤，君臨天下。文偃說：「乾坤並萬象，地獄及天堂，物物皆真現，頭頭總不傷。」（《雲門語錄》）上至天堂，下至地獄，所有森羅萬象，都由真如變現。因而，事事物物，「本真本空」；一色一味，「無非妙體」。這一句實際上是對行思和希遷所傳「即事而真」說的發展，展現的是雲門宗的體驗真如自性的禪法。

　　「截斷眾流」可以看做雲門宗的認識論。據《人天眼目》對這一句的解釋，說：「堆山積岳，一盡塵埃；擬論玄妙，冰消瓦解。」「本非解會，排疊將來；不消一字，萬機頓息。」大意是：堆山積岳的宇宙萬有，都不是真正的認識（「解會」）對象；只要一論及玄妙的真如本體，這些「排疊將來」的世間眾法，就立即「萬機頓息」、「冰消瓦解」，因為它們本質上並不存在。所以，雲門宗也反對使用語言文字，以為真如佛性不可言說，只應於內心頓悟。

　　「隨波逐浪」這一句相當於雲門宗的方法論。「隨波逐浪」，意思是「因語識人」，即根據不同對象採取不同的教學方法。文偃偈頌說：「辯口利舌問，高低總不虧；還如應病藥，診候在臨時。」（《雲門語錄》）

　　雲門宗禪僧把上述三句比作「雲門劍」，「吹毛劍」，意思是說它們極其鋒利，能迅速截斷葛籐（禪家把事情枝蔓

不徑，缺乏直截了當
的正確認識謂之「葛
籐」）。文偃常用一字
回答禪僧問語。如問：
「如何是雲門一路？」
答：「親。」問：「如
何是正法眼？」答：
「普。」當時被稱為
「一字關」。因為有這
樣一些教學手段，所以
禪宗界常說雲門宗風
「孤危聳峻，人難湊
泊」，非上等根機不易
悟入。為了擴大影響，
壯大力量，至北宋時雪
竇重顯便著手改變宗
風，逐漸與他宗融合。

◀北周釋迦千佛碑。
▶代羅尊者像。

什麼是溈仰宗「三種生」？

溈仰宗由靈祐和他的弟子慧寂創立，因靈祐住潭州溈山（今湖南寧鄉縣西），慧寂住袁州仰山（今江西宜春縣南），故名。溈仰宗的基本思想，是把主客觀世界分為「三種生」，即「想生」、「相生」、「流注生」。

溈山靈祐嗣法於百丈懷海。《景德傳燈錄》記載他得法經過，說：「一日侍立，百丈問：『誰？』師曰：『靈祐。』百丈云：『汝撥爐中有火否。』師撥，云：『無火。』百丈躬起，深撥，得少火。舉火示之云：『此不是火？』師發悟禮謝，陳其所解。」這裡，深埋於爐底之火是佛性之喻。靈祐輕輕一撥，未能發現火。百丈深撥得火，便是示意靈祐：佛性人皆具備，但要努力發掘，不能錯過「時節因緣」。靈祐離開懷海，到湖南溈山，受觀察使裴休的熱誠歡迎，又得弟子慧寂相助，一時禪風大振，成為五家禪中最先興起的一家。

溈仰宗的基本思想，是把主客觀世界分為「三種生」，即「想生」、「相生」、「流注生」。

「想生」，指主觀思維，所謂「想生為塵，識情為垢」。即認為所有「能思之心」都是雜亂染污的「塵垢」，必須遠離它們，才能得到解脫。而所謂「解脫」，也就是發現自己本源常住佛性，「思盡還源，性相常住」。這實際上要求禪僧無條件地放棄習慣的思維和認識能力。

「相生」，指「所思之境」，也就是客觀世界。溈仰宗強調，這客觀世界必須加以徹底否定，否則不能達到悟解。這思想被具體地喻為：「回光一擊便歸去，幽夢一開雙眼明。」

「流注生」，是指主客觀世界變化無常，處於生滅過程，「微細流注」，從未間斷，因而是靠不住的，必須加以拋棄。只有真如佛性才是真實不妄的。

總之，溈仰宗認為，「三種生」「俱是塵垢，若能淨盡，方得自在」。否定和拋棄它們是成佛得「自在」的前提。

溈仰宗在修行理論上也繼承懷海所傳。靈祐把體認和發掘自心佛性放在首位，故而認為，萬物有情，皆具佛性，人們若能明心見性，即可成佛。他說：「實際理地不受一塵，萬行門中不捨一法。若也單刀趣入，則凡聖情盡，體露真常，理事不二，即如如佛。」（《景德傳燈錄》卷九）慧寂也說：「汝等諸人，各是迴光返照」，「且莫將心湊泊，但向自己性海如實而修」（同上書，卷十一）。

◀ 密印寺山門，密印寺位於湖南寧鄉縣溈山，始建於唐代，至今已有一千多年的歷史，是溈仰宗的祖庭。

▲ 密印寺大殿三世佛。

法眼宗有何特色？

　　法眼宗在五家禪中成立最晚。該宗開創者為清涼文益（文益住於金陵清涼院，故名）。文益去世後，南唐中主李璟諡以「大法眼禪師」之號，稱他所創的宗派為法眼宗。

　　法眼宗源於青原法系，文益得法於羅漢桂琛。據傳有這樣一段公案：某天，文益約兩個同伴去桂琛處參學。桂琛問他：「到什麼地方去？」他回答說：「行腳。」桂琛又問：「行腳幹什麼？」他答道：「不知。」桂琛稱讚說：「不知最親切。」第二天文益準備辭行，桂琛覺得他還可以深造，但又不便明白挽留，就指庭前一塊石頭對他說，「你是懂得『三界唯心，萬法唯識』這一教義的，試問這石頭是在你心外還是心內？」文益回答說：「在心內。」於是桂琛提醒他：「你一個行腳的人應該輕裝，如何能安塊石頭在心裡到處走動呢？」文益無詞可對，便留住月餘，仍未開悟，桂琛這才告訴他說：「若論佛法，一切現成。」文益於言下得悟。「一切現成」後來就構成法眼宗的主要特色。

　　當法眼宗成立之時，禪宗其餘各家早已形成，並開始出現各種偏差，文益便作

《宗門十規論》，對當時禪宗十弊加以指
摘。在論中，他以「一切現成」為原則，
提出「理事不二，貴在圓融」，「不著他
求，盡由心造」的主張，認為「雖理在頓
明事須漸證，門庭建化固有多方，接物利
生其歸一揆。」這就是說，理事圓融並非
人為安排，而是本來如此，因而是「一切
現成」。這一思想受華嚴宗影響較大。文
益曾用華嚴宗「六相圓融」教義來論證世
界「同異具濟，理事不差」，否認事物的
真實差別和矛盾。文益弟子天台德韶發揚
「一切現成」說，認為，「佛法現成，一
切具足，還同太虛，無欠無餘」，勸參禪
弟子不必離開世間而隨處得悟。他後來更
用如下詩偈表達這一思想：「通玄峰頂，
不是人間；心外無法，滿目青山。」意思
是說，學禪達到頂峰，與人間當然不同；
但由於心外無法，則隨處都可見到青山

（禪境）。文益對這一偈頌評價極高，以
為「可起吾宗」。

　　法眼宗以華嚴思想入禪，顯示禪宗
已開始發生變化，出現一種新的趨勢。
這一趨勢便是禪教兼重、融合。後來延壽
撰《宗鏡錄》一○○卷，進一步對禪宗只
重直觀不重經典的流弊提出批評。《宗鏡
錄》廣引經論，以佛經來證明佛、菩薩和
眾生皆具清淨佛性，「從本以來，性自滿
足」。

◀ 密印寺大殿。

▲ 普利寺祖庭位於江西宜豐縣同安鄉洞山，由曹洞宗創始人
良价所建，是曹洞宗的祖庭。

《永嘉證道歌》主要內容是什麼？

　　《永嘉證道歌》乃玄覺所作。玄覺，俗姓戴，溫州永嘉人，少年出家，先學天台止觀，後往曹溪謁見慧能。《永嘉證道歌》是玄覺進行宗教宣傳的通俗文字，在僧俗兩界都有很大影響。

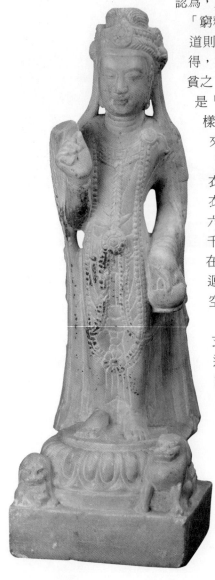

　　《永嘉證道歌》內容之一，是宣傳慧能的禪宗頓悟法門。認為，人人都有如來佛性，如能識得，就能解脫。歌詞說：「窮釋子，口稱貧，實是身貧道不貧。貧則身常披縷褐，道則心藏無價珍。」「摩尼珠，人不識，如來藏裡親收得，六般神用空不空，一顆圓光色非色。」這裡所說的不貧之「道」就是如來藏佛性，因為它是成佛的根本，所以是「無價珍寶」。它就像閃閃發光的珍珠（摩尼珠）一樣，因受塵垢所纏而不為常人識得。又認為，認識如來藏佛性應是剎那的「頓覺」，無須多聞多解，歌詞「上士一決一切了，中下多聞多不信。但自懷中解垢衣，誰能向外誇精進」。好比是把身上沾了塵垢的外衣脫去，隨即顯露閃光的佛性。「頓覺了，如來禪，六度萬行體中圓。夢裡明明有六趣，覺後空空無大千。」這是頓悟如來禪的境界：頓悟之前的認識如人在睡夢之中所見「五道」、「六趣」（五種或六種輪迴轉生的趨向），頓悟之後則如大夢驚覺，宇宙人生空空如也，遠離六道輪迴之域。

　　《永嘉證道歌》另一重點是對「禪」的看法。玄覺認為，禪本質上雖是頓悟的，但並不妨礙參禪問道，說：「游江海，涉山川，尋師訪道為參禪。自從認得曹溪路，了知生死不相關。」沒有參禪經歷，也就不可能最後在慧能處頓悟。進而認為，禪不應該是枯坐終日，而應該表現為「行亦禪，坐亦禪，語默動靜體安然」。他又以自己切身體驗，說明頓悟的禪是佛性的自然流露，那種研習經典，積累學問的做法對人有害而無益，說：「吾早年來積學問，亦曾討疏尋經論；分別名相不知體，入海算沙徒自困。」

　　上述分析顯示，玄覺《證道歌》的基本思想是對慧能頓悟禪的繼承。但是，《永嘉證道歌》

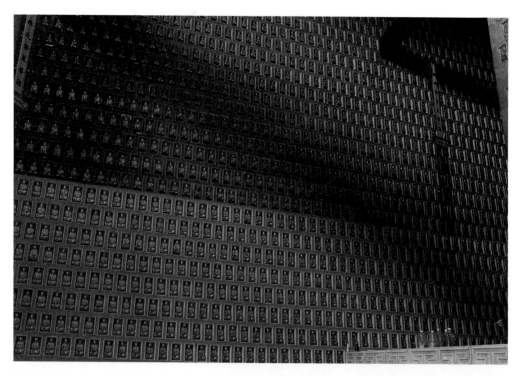

為後世所重視，還有特殊的原因。歌中有這樣兩句：「一性圓通一切性，一法遍含一切法。一月普現一切水，一切水月一月攝。」這是一個比喻，意思是說，每一事物所具的性體等同於一切事物，都反映為同一本質「實相」；每個人的性與諸佛之性是共通的，共通之性是真如佛性。所以它後面又說，「諸佛法身入我性，我性同共如來合」。每個人能頓悟成佛的根本原因就在這裡。這種思想就好比是，天上雖只有一個月，但它映落在所有江河湖泊上，就幻化為無數的月，而這無數的月實際上為天上一個月所融攝。後來理學家朱熹繼承並發揮這一思想，在程頤有關學說基礎上，提出著名的「理一分殊」說。朱熹認為，宇宙最根本的「理」只是一個「太極」，太極是不能分割的整體，是謂「理一」。而萬物各有不同的理，萬物各自的「一理」分別體現了太極的整體，是

謂「分殊」。朱熹曾直接引用《證道歌》歌詞來論證自己的觀點，說：「本只一個太極，而萬物各有秉受，又各自全具一太極爾。如月在天，只一而已，及散在江湖，則隨處而見。」（《朱子語類》卷九四）「釋氏云：一月普現一切水，一切水月一月攝。這是那釋氏也窺見得這些道理。」（《朱子語類》卷十八）他用這一學說對本體與現象、抽象與具體的關係加以唯心的說明，在中國哲學史上影響很大。

◀ 隋代菩薩立像。
▲ 密印寺小佛。

何謂「華嚴禪」？

　　唐代著名僧侶圭峰宗密出身富家，少年時攻讀儒書，二十八歲從荷澤宗道圓禪師出家，修習禪宗。後來，他讀到華嚴宗清涼澄觀的《華嚴經疏》，深有感受，於是又往澄觀門下求教數年。由於上述經歷，宗密以禪宗和華嚴宗的學問知識為背景，創立起一種禪與華嚴融合統一的「華嚴禪」。

　　宗密一生，寫下許多佛學論著，其中主要是華嚴宗和禪宗的，在其論禪宗的著

作中又展現出華嚴思想。在《原人論》一文中，宗密提出他的「五教」判教說，其中第五「一乘顯性教」實際上是把華嚴與禪合而為一。

　　為了更廣泛、有效地把禪宗教義與佛教其他各宗加以統一融合，以調和派系之間的矛盾糾紛，宗密的「華嚴禪」在禪與華嚴融合的基礎上，進一步把禪宗各派與天台、華嚴、唯識各教統一起來，提出「教禪一致」的思想。這就是裴休所介紹的，「以如來三種教義，印禪宗三種法門；融瓶盤釵釧為一金，攪酥酪醍醐為一味」（《禪源諸詮集都序敍》）。這樣，不管禪宗有多少派系，也不管禪以外還有什麼教派，在宗密的理論體系中都是一家。當然，這一教禪一致說的核心仍是華嚴與禪的融合。

　　宗密認為，「諸宗始祖，即是釋迦。經是佛語，禪是佛意，諸佛心口必不相違」。經教是佛所說道理的文字記錄，而禪則是展現這種道理的修行實踐。兩者完全一致，都屬於佛的親自咐囑。自禪宗興起，號稱「教外別傳」，與以研習經論為要務的教家形成對立，出現「修心者（指禪宗）以經論為別宗，講說者（指天台、華嚴、唯識

等）以禪門為別法」的局面，不利於佛教的發展。針對當時禪宗偏離經論的傾向，宗密特別提出，「經論非禪，傳禪者必以經論為準」。

更為廣義的「華嚴禪」，是三教合一的思想。隋唐時期，儒、釋、道三教鼎立形成，一方面，三教之間有論爭，另一方面，三教為適應王朝的統一，調和融合趨勢繼續發展。宗密認為，三教都為共同的社會制度服務，具有一致的利害關係。在教義方面，他認為，三教（尤其是儒、佛）之間在重視孝道方面有一致語言，佛教「五戒」等同於儒家「五常」。

宗密的「華嚴禪」是佛教中國化過程中的一個重要環節。它試圖以禪宗與華嚴宗思想的融合統一為先導，在更廣泛意義上調和佛教宗派矛盾乃至儒釋道三教矛盾。這一工作所展現的基本方法和理論形式對宋明佛教和宋明理學有重要影響。

後期禪宗沿著「華嚴禪」的方向展

開，把華嚴宗根本教義「四法界」說、「六相圓融」說、「十玄緣起」說中展現的理事關係納入自己體系。五家禪中法眼宗講「十玄」、「六相」，曹洞宗講「五位君臣」，都大量吸收了華嚴理事關係說。五代宋初禪僧永明延壽繼承宗密教禪一致說，他召集天台、唯識、華嚴三教大師相互辯論，然後以禪宗思想加以統一。他認為，最與禪意相近的是華嚴宗，因而把華嚴的圓修和禪宗的頓悟加以融合是理所當然的。延壽的禪教合一思想影響了整個宋代的佛教界。

◀ 萬部華嚴經塔磚雕菩薩頭像。

▲ 陝西戶縣草堂寺山門，草堂寺最早創建於西元四○一年，是中國佛教史上第一座規模巨大的國立翻譯佛經譯場，鳩摩羅什曾長期在此駐錫。由於佛教中著名的「中觀三論」——《中論》、《百論》、《十二門論》都由鳩摩羅什在草堂寺譯出，為三論宗的創立提供了經典，所以他被尊為該宗開祖，草堂寺也因此被奉為三論宗祖庭。

李翱與禪僧的關係如何？

李翱是唐代著名文人，曾從韓愈學古文，是韓愈的學生和朋友。他們的學說對宋明理學的形成起過重要作用。

受韓愈影響，李翱曾極力反對佛教。在《請停率修寺觀錢狀》中，他嚴厲斥責「佛法害人，甚於楊、墨」，「實有蠹於生靈」。在《去佛齋》中揭露說：「故其徒也，不蠶而衣裳具，弗耕而飲食充，安居不作，役物以養己者，至於幾千百萬人，推是而凍餒者幾何人，可知矣。於是，築樓殿宮閣以事之，飾土木銅鐵以形之，髡良人男女以居之，雖璇室、象廊、傾宮、鹿台、章華、阿房弗如也。是豈不出乎百姓之財力歟？」但他又認為，「排之（佛教）者不知其心，雖辯而當，不能使其徒無嘩而勸來者，故使其術若彼其熾也」。意思是說，排斥佛教的人若不懂得佛學，便難以服佛教徒之心。所以他身體力行，「深入佛之理窟」，吸取佛教心性之學為己用，達到排斥佛教的目的。

但當李翱一旦深入佛教學說，便為禪學所吸引，失去自控，投入禪宗懷抱。據《宋高僧傳》上說，李翱為朗州刺史時曾謁

見禪僧惟儼，由此得悟；後來又遇到紫玉禪翁，從他那兒「增明道趣」（即對禪有「百尺竿頭，更進一步」的領悟）。《景德傳燈錄》（卷十四）詳細記述了李翱參藥山惟儼的經過，說：「朗州刺史李翱向師玄化，屢請不起，乃躬入山謁之。師執經不顧，侍者白曰：『太守在此。』翱性褊急，乃言曰：『見面不如聞名。』師呼：『太守！』翱應諾。師曰：『何得貴耳賤目？』翱拱手謝之，問曰：『如何是道？』師以手指上下，曰：『會麼？』翱曰：『不會。』師曰：『雲在天，水在瓶。』翱乃欣愜，作禮，而述一偈曰：『練得身形似鶴形，千株松下兩函經；我來問道無餘說，雲在青天水在瓶。』」「雲在青天水在瓶」，這就是李翱所領悟的禪，雲在青天飄浮，水在瓶中靜

止，一動一靜，天真自然，不用著心。又載：「翱又問：『如何是戒定慧？』師曰：『貧道這裡無此閒傢具。』翱莫測玄旨，師曰：『太守欲得保任此事，直須向高高山頂、深深海底行，閨閣中物捨不得，便為滲漏……』李翱再贈詩曰：『選得幽居愜野情，終年無送亦無迎；有時直上孤峰頂，月下披雲笑一聲。』」可見李翱這時已十分嚮往禪僧的幽居生活了。

此外，據說李翱又曾在貞元年間（七八五～八〇五年）問道於西堂智藏禪師，在元和初（八〇六年）問道於鵝湖大義禪師。總之，他與禪僧的密切關係以及受禪學影響已成為人所共知的事實。

李翱以自己的參禪實踐和心性修養，結合儒家《中庸》思想，建立起「復性說」。所謂「復性」，用贊寧的話說，就是「謂本性明白，為六情玷污，迷而不返，今率復之。猶地雷之復見天心矣，即內教之返本還源也」。這是儒家性善學說和禪宗「本心清淨」的心性論相結合的產物。故《復性書》三篇，「明佛理不引佛書，援證而徵取《易》、《禮》而止」（《宋高僧傳》卷一七）。雖然沒有公開引用佛家經論，以示自己仍是儒家信徒，但實際上宣傳的卻是佛教的思想。

◀ 滸溪草堂圖。

唐代士大夫為何執衷於參禪？

　　宋代儒家學者周必大說：「自唐以來，禪學日盛，才智之士，往往出乎其間。」據記載，唐代文人士大夫如顏師古、李子奢、韓愈、顏真卿、王維、王勃、李白、白居易、柳宗元、劉禹錫等都曾與佛學發生關係，其中多半加入參禪者行列，拜倒於各派禪師門下。

　　詩人王維曾與大薦福寺道光禪師為友，「十年座下，俯從受教」，並受神會之請，寫了《六祖慧能禪師碑銘》。文學家柳宗元在柳州期間，常與禪僧交往，「一時南方諸大德碑銘之文多出其手」。柳宗元好友劉禹錫與南嶽衡山、牛頭山、楊岐山等處禪僧有廣泛交往，並主張與當時佛教內部融合要求相適應的「方便無非教，經行不廢禪」的禪教一致思想。張說長於文辭，朝廷許多重要文件大多出於其手，他也與禪僧頻繁往來，撰寫了許多有關佛教的像贊、經贊及碑銘。詩人白居易既信道教，又對佛教頗感興趣，與禪僧也有交往。開元中，詩人杜甫也曾隨逐潮流成為禪宗信徒，入蜀後方改信淨土。如果說上述人物雖與禪僧關係密切，但對禪宗尚無升堂入室理解的話，那麼，裴休就是另一種類型的人物了。裴休在唐宣宗大中年間曾以兵部侍郎進同中書門下平章事（宰相），一方面他是銳意改革的政治家，另一方面卻是虔誠的禪宗信徒。中年以後，裴休斷肉食、摒嗜欲，齋居焚香誦經，習歌唄為樂，成為黃檗希運最得意的在家弟子。他曾一再把希運接到任所居住傳道，希運的語錄《傳心法要》便是由他集錄並作序的。他還與宗密建立起十分深厚的友誼，對宗密的禪學有透徹的理解，所以贊寧說：「有宗密公，則有裴休相國，非相國曷能知密公。」（《宋高僧傳》卷六）

　　唐代文人士大夫的參禪活動與安史之亂後禪宗南宗的興起有相當的關係。安史之亂前，唐王朝處於鼎盛時期，物質富裕、無憂無慮的生

活環境，自由開明的仕進方式，放達自在的言論條件，使整個社會洋溢著一種恢宏自豪、開朗奔放的氣氛，文人士大夫心中充滿事業上的信心，懷抱著建功立業的熱情。這樣的社會，佛教彼岸世界的誘惑力主要作用於下層勞動人民。對於上層文化社會來說，佛教只是點綴風雅之物，炫耀財富的對象。

　　安史之亂使文人士大夫從甜蜜的夢幻中清醒過來，美好的理想破滅了，希望和抱負成了泡影。他們帶著無限的失望和惆悵轉向禪宗，經過逃避現實、尋求精神安慰的方式，以滿足心理上的需要。禪宗生活既不坐禪，也不苦行，又不唸經，恬樂於山水之間，耳聽潺潺流水，目送悠悠白雲，吟風嘯月，無拘無束，怡然自得，這正是他們夢寐以求的境界。在文人士大夫眼裡，它與老莊自然無為、退隱適意的精緻高雅生活方式沒有不同之處，這等好

事，當然令他們趨之若鶩了。所以，史載天寶後詩人多「寄興於江湖僧寺」，而禪師也均「以詩禮接儒俗」，這就不足為奇了。便有甚者，直接脫離儒門，出家為僧，如荊溪湛然、圭峰宗密、馬祖道一、雪峰義存、丹霞天然、雲門文偃等，這些人後來都成了禪宗界著名領袖。

◀ 青州鍍金佛像。
▲ 唐代持弓天王像。

唐代禪林經濟狀況如何？

唐代佛教的繁榮建立在強大的寺院經濟基礎上。由於唐王朝對佛教採取利用的政策，寺院和僧尼的數量都比前代有所增加，寺院規模不斷擴大。唐武宗時，會昌滅佛給寺院經濟以致命打擊，舊式寺院經濟體系的地位逐漸為新型的禪林經濟所替代。

佛教寺院的建造及僧尼日常生活的支出十分驚人，如武則天時期，「傾四海之財，殫萬人之力；窮山之木以為塔，極冶之金以為像」（《舊唐書》卷一〇一）。這類廣泛的耗資，除了接受帝王、貴族的賜予，官僚、士人的資助，還透過寺院本身的土地經營、高利貸剝削等手段來維持寺院的開銷。正如時人李師政借「辯聰書生」的話說：「沙門盛洙泗之眾，精舍麗王侯之居。既營之於爽塏，又資之以膏腴。擢修幢而曜日，擬甲第而當衢。王公大人助之以金帛，農商富族施之以田盧。」（《廣弘明集》卷一五）當禪僧尚未從普通寺院分離之前，禪僧享有與其他宗派僧徒同樣的物質生活待遇，禪林經濟作為獨立的經濟體系尚未誕生。

西元八世紀中葉，馬祖道一首先在江西倡導一種農禪結合的習禪生活，其門徒散居南方偏僻山林，各自創建根據地，聚徒受禪，自給自足。百丈懷海依據禪僧生活特點，改革以往寺院制度，提倡「上下均力」的「普請法」，不再依靠寺院莊園剝削收入，爭取到生存的主動權，使禪宗在逆境中得以自立並逐步發展壯大。這實際上是把世俗社會的生產方式和生活方式搬到佛教內部，禪僧除了不娶妻生子以外，幾乎完全過著小農經濟一家一戶的生活，寺主是家長，僧眾是「子弟」。

九世紀中葉，江南禪林經濟已有了長足的發展，其基本標誌是莊園經營方式的出現。見於禪宗典籍，較早的禪林莊園是

普願的池州南泉莊。及至唐末，禪林莊園漸增，如義存在福州的雪峰莊，智孚在信州的鵝湖莊，道一在洪州的麥莊等。禪林莊園的經營，已開始採用租佃制方式，即把土地出租給契約佃農，然後直接向佃農「收其租入」。這是與均田制崩潰以後世俗地主莊園一致的土地經營方式。至此，百丈懷海時期小規模的叢林經濟活動已演化為大型的寺院地主經濟體系，那種「上下均力」的平等精神已為嚴格的等級關係所取代。唐末五代，禪宗寺院規模不斷擴大，大莊園式的生產開始形成，如大溈同慶寺，「僧多而地廣，佃戶僅千餘家」。禪林經濟的壯大意味著禪宗獨盛時期的到來。

入宋以後，隨著城市的繁榮、城鄉手工業和商業的發展，禪宗寺院的經濟生活也進一步世俗化。除了「長生庫」質錢取利的當舖為純粹高利貸經營外，寺院還普遍開設碾房、店舖、倉庫等商業性服務項目，以擴大營利。寺院內部職事越來越多，分工日趨細密，上下等級之分更為嚴格。上層禪僧早已演變為莊園貴族，享受與世俗地主同等的社會待遇。寺院生活與世俗生活本質的一致性在這時已暴露無遺。參禪學佛既可逃避賦稅徭役，又可不離世俗生活，寺院也就成為人們嚮往的場所。時人揭露說：「近世出俗無正因，反求他營，不崇專業，唯圖進納，預濫法流。」（《緇門警訓》卷七）「所在之處，或聚三百五百，浩浩地，只以飯食豐濃，寮捨穩便為旺化也。」（《古尊宿語錄》卷四一）其間利弊一目了然。

◀ 唐神龍元年造像碑。

▲ 敦煌壁畫雨中耕作，出自法華經藥草喻品。該畫樸實自然，感覺不到與世間煙火疏離的宗教氛圍，生活氣息濃郁。

什麼是「黃龍三關」？

　　臨濟義玄法嗣中經七世，至石霜楚圓時，分出兩派，即黃龍派和楊岐派。黃龍慧南在江西洪州黃龍山設「三轉語」即「黃龍三關」接引參學者，門徒眾多，形成一派宗風。

　　什麼是「黃龍三關」？據記載，「師（慧南）室中常問僧『出家所以，鄉關來歷』。復扣云：『人人盡有生緣處，哪個是上座生緣處？』又復當機問答，正馳鋒辯，卻復伸手云：『我手何似佛手？』又問諸方參請宗師所得，卻復垂腳云：『我腳何似驢腳？』三十餘年，示此三問，往往學者多不湊機，叢林共目為『三關』。」（《建中靖國續燈錄》卷七）

　　早在懷海時，就曾以「三句」盤問參學者，說：「有大智人，破塵出經卷，若透得三句過，不被三段管教家舉，喻如鹿三跳出網，喚作續外佛。」又說：「但是一句各有三句，個個透過三句外。但是一切照用，任聽縱橫。但是一切舉動施為，語默啼笑，盡是佛慧。」（《古尊宿語錄》卷二）懷海這一思想不僅影響了義玄的「三玄三要」說，而且還可以看作是慧南「三關」說的淵源。

　　如何理解「黃龍三關」？

　　據慧南自己回答說：「已過關者掉臂而逕去，安知有關吏；從關吏問可否，此未過關者。」並自作三頌說：「生緣有路人皆委，水母何曾離得蝦；但得日頭東畔出，誰能更吃趙州茶。」「我手何似佛手，禪人直下薦取；不動干戈道出，當處超佛越祖。」「我腳驢腳並行，步步踏著無生；會得雲收月皎，方知此道縱橫。」（《人天眼目》卷二）根據這種回答，說明設此三關的用意是在針對當時的文字禪而試圖展開一種簡易的、令人觸機即悟的教學方式，不致讓參學者陷於言句之中，重新恢復過去那種明快的禪風。所謂「未過關者」，意為尚未建立自信，沒有得悟。一旦內外徹悟，猶如透過關隘，任運自由，「掉臂而去，縱橫自在」。這裡的關鍵在確立自信，即所謂「不問關吏」。

　　慧南自己的偈頌，是對「三關」實質的說明，描述了怎樣「悟」、以及「悟」後

的境界。所謂「三關」，實指開悟的三個階段。一是「初關」，二是「重關」，三是「生死牢關」。它們的關係是一「破」，二「透」，三「出」。初關，是要求參學者首先破除世俗「邪見」，立一切皆空的「正見」，建立徹底的唯心主義世界觀（「生緣」：佛教認為，人的生命由四大和合而暫存，一旦因緣歸盡，即時回復空無，故名。「水母」：海蜇，常浮游於水面，眾蝦依附以為棲息之所，以此譬喻人生空幻的本質）。重關，是說由於悟得一切皆空的道理，故而明白所見宇宙萬有只是一心所現，原來境智一體、融通自在。我手與佛手本質上無所差別，等同佛體，只在於禪僧是否即刻體驗到。這時便進入精神上的相對自由境界。它的要點是使禪僧「直下」領悟，當處「超佛越祖」。最後是出「關」即「悟」後的境域，這個境域好比是「鷺鷥立雪非同色」，既與本體契合融會，又有獨立的主體。說明已獲得絕對的精神上的縱橫自由，「步步踏著無生」（「無生」，與涅槃、實相、法性等含義相同）、「雲收月皎」是這種自由的實際比喻。至此境域，便出「生死牢關」，實現禪僧根本目的。

正如義玄的「三玄三要」過於玄奧，難以為一般禪僧接受，更不易付諸實踐一樣，慧南的「黃龍三關」後來也成為煩瑣玄虛的東西，但經由分析，其中表達的思想我們還是能夠有所瞭解。

▼ 東晉風流圖。

楊岐派有什麼特色？

楊岐派是與黃龍派並立的禪宗臨濟宗派別。因開創人方會住於袁州楊岐山（今江西萍鄉縣北），故名。楊岐派的基本思想沒有離開臨濟宗的體系，主張「立處即真」的自悟，因為「立處即真，者裡領會，當處發生，隨處解脫」，「一切法皆是佛法」。

方會提倡義玄的痛快淋漓、不容擬議的禪風，自稱：「楊岐一要，千聖同妙；佈施大眾，果然失照。楊岐一言，隨方就圓；若也擬議，十萬八千。楊岐一語，呵佛叱祖；明眼人前，不得錯舉。楊岐一句，急著眼覷；長連床上，拈匙把箸。」（《楊岐方會和尚語錄》）這就要求禪僧不應在文字語言上下功夫，而應加強禪的直觀訓練。

但楊岐派也有自己獨特的風格。據《語錄》載，方會對參學弟子們曾說：「霧鎖長空，風生大野，百草樹木作大獅子吼，演說摩訶大般若，三世諸佛在爾諸人腳跟下轉大法輪。若也會得，功不浪施。」這意思同雲門宗「三句」中「涵蓋乾坤」一句頗為相似。因而有人認為楊岐派「提綱振領大類雲門」，而方會「其勘驗鋒機又類南院」（南院，義玄二傳弟子慧顒）應該說，楊岐派的風格既堅持了臨濟正宗的特點，又包容吸收了雲門宗的特點。北宋初期，臨濟、雲門兩宗共盛，隨著佛教內部融合思潮的興起，禪風上的互相吸收補充是完全可以理解的。

在教學原則上，楊岐派具有靈活自然的特點。方會認為，接引參學弟子時，應善於誘導，把握時機，步步啟發。「問，『雪路漫漫，如何化導？』師云，『霧鎖千山秀，迤邐問行人。』」有人問他，你究竟繼承了誰家禪法，發揚了誰家宗旨呢？他公然回答說：「有馬騎馬，無馬步行。」意思是說，我的禪並無成規可拘，可以根據實際情況靈活運用各家宗風。

由於方會繼承了臨濟宗的基本思想，綜合了臨濟、雲門兩家的禪風，同時採取靈活的手段接引參學者，進而使楊岐派在激烈的派系競爭中取得優勢地位，其法系能長期流傳下來，文政和尚在為方會《語錄》所作序中給予他的思想和風格以很高的評價，說：「當時謂（懷）海得其（指道一）大機，（希）運得其（指道一）大用；兼而得者，獨會師歟！」又說他能「振領提綱，應機接誘」。正因如此，在黃龍法脈斷絕以後，楊岐派恢復了臨濟宗名稱；臨濟宗後期的歷史，也就成了楊岐派的歷史。

▶ 淵明醉歸圖。

什麼是「公案」？

「公案」，原指官府判決是非的案例，禪宗借用它專指前輩祖師的言行範例，從中領會禪的意義。廣義上說，凡禪宗祖師的「上堂」或「小參」所發表的看法，都是公案；師資間、弟子間的「機鋒」、現存的全部禪師「語錄」或「偈頌」，也都是公案。

「公案」又名「話頭」或「古則」。黃檗希運《傳心法要》上說：「既是大丈夫，應看個公案！」可見，佛教「公案」一詞早在唐末已出現。但「公案」被大量應用於禪僧的參禪活動，則當在五代宋初。《碧巖錄》三教老人序說：「嘗謂祖教之書謂之公案者，倡於唐而盛於宋，其來尚矣。」希運反對禪僧讀誦經典，卻主張研習公案，事實上是把公案提到與佛經同等地位看待。禪宗認為，是否對禪的宗旨予以領會，應取公案加以對照。因而，公案既是探討祖師思想的資料，又是判斷當前禪僧是非的準則。

禪宗公案不勝枚舉，其中流傳最廣的有「野鴨子話」一則，被收錄於《碧巖錄》（第五三例）。原文如下：「馬大師與百丈行次，見野鴨子飛過。大師云：『是什麼？』丈云：『野鴨子。』大師云：『什麼處去也？』丈云：『飛過去也。』大師遂扭百丈鼻頭，丈作忍痛聲。大師云：『何曾飛去』？」一般所傳公案都比較簡略，語帶玄昧，意義很費揣摩，作為教學之用，往往發生困難，所以後人便以「頌古」方式略開方便法門，代作解釋，使我們也能領會其大概。汾陽善昭對這一公案作了頌，說：「野鴨飛空卻問僧，要傳祖印付心燈，應機雖對無移動，才掐綱宗道可增。」意思是說，野鴨飛空本來是平常的事，但馬祖卻要發問，正是要在這一問中傳燈與百丈。百丈的對答，

首句答野鴨子是正確的，因為指的是眼前事實。馬祖再問飛向何處，已不是指野鴨，而是指心在哪裡。百丈回答飛去了，便是指心隨野鴨飛走了，所以馬祖要掐他的鼻子，把他的錯誤思路糾正過來。

再舉一例。「趙州示眾云：『至道無難，唯嫌揀擇。才有語言，是揀擇，是明白。老僧不在明白裡，是汝還護惜也無？』時有僧問：『既不在明白裡，護惜個什麼？』州云：『我亦不知。』僧云：『和尚既不知，為什麼卻道不在明白裡？』州云：『問事即得，禮拜了退。』」這一則公案也被收錄於《碧巖錄》（第二例）。趙州從諗是馬祖道一法孫（南泉普願弟子）。這一公案比較容易理解。趙州說「至道無難，唯嫌揀擇」，是指禪的根本法則。「揀擇」，即分別；語言文字也是揀擇，是一種分別知識。所以趙州說他「不在明白裡」，即對世界無是非、無分別。《景德錄》上有一段南泉與趙州的對話記錄，說的便是這一問題：「南泉因趙州問：『如何是道？』泉曰：『平常心是道。』州曰：『還可趣向否？』泉曰：『擬向即乖！』州云：『不擬爭知是道？』泉云：『道不屬知，不屬不知；知是妄覺，不知是無記。若真達不疑之道，如太虛廓然洞豁，豈可強是非也。』州於言下大悟。」現在趙州便用他老師的開示轉授自己的弟子。問話的禪僧也不簡單，反問他：「您不明白，無所

知，那怎麼還跟我們說法呢？」趙州只得說：「我也不知。」禪僧又抓住了話頭，因為所謂「不知」便應與「知」相對待，也是一種分別知識，所以又問：「您既不知，為什麼卻說不在明白裡？」趙州只得說：「因為有人問起，所以不能不說。」

當公案尚未定型之前，師資間通常應機而提示話頭，機鋒激烈，富有生氣。但當它定型化以後，師資間便在有限的一些公案上轉圈子，成為機械化的「公案禪」，實際上堵塞了禪的發展道路。

▼ 山西大同華嚴寺千手千眼觀音菩薩壁畫。

何謂「看話禪」？

「看話禪」又名「看話頭」，它是後期禪宗對「公案」運用的一種獨特方式。提倡者是兩宋之際楊岐派禪僧大慧宗杲。

在宗杲以前，通常把公案當作正面文章來理解，但宗杲認為直接從公案上並不能看到祖師的真實面貌，應該提出公案中某些典型語句作為「話頭」（即題目）加以參究。這種方式的目的，是要作「杜塞思量分別之用」，「掃蕩知解」。其結果，「如蓮開花，如披雲月見，到恁麼時，自然打成一片」。這實質是對當時盛行的「文字禪」作出的反應。宗杲反對在文字語言上對公案內容進行解剖，主張內省的、非理性主義的神秘體驗。他認為，「有解可參之言乃是死句，無解之語去參才是活句」。

看話禪最常見的「話頭」有如下一些：「父母未生以前，如何是本來面目？」「念佛者是誰？」「狗子有無佛性？」現以「狗子有無佛性」一則予以說明。這是有關趙州從諗的公案，最早見於《傳心法要》及《趙州語錄》，後來《無門關》、《從容錄》、《五燈會元》等都加以采錄。希運《傳心法要》說：「僧問趙州：『狗子還有佛性也無？』州云：『無。』但去二六時中看個『無』字！晝參夜參，行住坐臥、

著衣吃飯處，屙屎放尿處；心心相顧，猛著精彩，守個『無』字。日久月深，打成一片，忽然心華頓發，悟佛祖之機，便不被天下老和尚舌頭瞞，便會開大口。」看話禪發揮這一思想，既不論這一公案是否與當前有關，也不參究這一公案的內容，而是把趙州這一「無」字取出來，始終作為參究之用。

據宗杲意見，看話禪的關鍵是「疑」，如在「無」字上生出疑團，「大死一番」，然後再「絕後復甦」，獲得大徹大悟。他說：「千疑萬疑只是一疑，話頭上疑破，則千疑萬疑一時破。話頭不破，則且就上面與之廝崖。若棄了話頭，卻去別文字上起疑，經教上起疑，古人公案上起疑，日用塵勞中起疑，皆是邪魔眷屬。」（《答呂舍人》）宋代禪僧無門慧開著《無門關》，把趙州「無」字公案列為第一則。認為，這「無」字是宗門第一關，如透得過這一「無」字，不但親見趙州，而且可與歷代祖師把手共行，同一見地。他提出：「將三百六十骨節，八萬四千毫竅，通身起個疑團，參個『無』字，晝夜提

廁。莫作虛無會，莫作有無會，如吞了個鐵熱丸相似，吐又吐不出，蕩盡從前惡知惡覺；久久純熟，自然內外打成一片，如啞子得夢，只許自知，驀然打發，驚天動地，……於生死岸得大自在。」這點與宗杲意見是一致的。「疑」的對象，是現實世界的種種差別現象。參究「無」的結果，便是獲得神秘的、不可言說的境界，「脫離」生死，獲「大自在」。

在禪宗看來，世界的本質是無，絕對的無（既非有，也非通常的無）。「無」既超越一切，也便包含了一切，所以它又是禪的究極，等同於心、佛、真如。對「狗子有無佛性」來說，回答「無」，這「無」是超越有、無的「無」，是絕對境域上的無。根據禪的立場，宇宙萬物作為虛幻之相為超越對立地存在，生、死也是如此，但世人卻認生死為對待，所以無法得到解脫。而在「無」的境地上看，就不會有種種差別對待。很顯然，看話禪根本原則是要禪僧堅定唯心主義立場，認為只在這種無客觀世界、無主體認識、無矛盾對立、無生死差別的絕對統一的無意識中，才能「得大自在」。因此，儘管宗杲打著反對「文字禪」和「默照禪」的旗號來提倡「看話禪」，試圖恢復初期禪宗「不立文字」、「直指人心」的優勢，但實質上他繼續在把禪引入神秘主義、非理性主義。

◀法器銀製吉祥如意。
▼敦煌壁畫五台山圖。

何謂「默照禪」？

在宗杲提倡「看話禪」同時，正覺（宏智）提倡另一種叫做「默照禪」的禪法。正覺是宋代曹洞宗的重要人物，曾在明州天童寺住持三十餘年，故名天童正覺。「默照禪」是以靜坐看心為根本的禪。

正覺認為，心是諸佛的本覺、眾生的妙靈，但因積習昏翳而與諸佛相隔。如能靜坐默究，淨治揩磨，把所有的妄緣幻習去掉，便能顯示潔白圓明的妙靈之體。他以此思想為背景，提倡「默照禪」。他說，默照禪「沒有許多言語，默默地便是」，「你向其間卜度，虛而靈，空而妙。」（《天童正覺禪師廣錄》）。經由靜坐默照，體悟虛靈空妙的心體。正覺的《默照銘》說，靜坐入定，「默默忘言、昭昭現前」是參悟的正道，「默為至言，照惟普應，應不墮於功，言不涉於聽」，只管合目閉眼，沉思冥想，就會產生般若智慧。至天童如淨時，沿著他指出的路子，對默照禪進一步加以發展。正覺認為，參禪是身心脫落，只要打坐，便是和佛祖相見的時節，不用燒香、禮拜、念佛、修懺看經。故如淨對禪的修習，一味偏重於打坐。

正覺的默照禪受到宗杲的猛烈攻擊，他說：「今時有一種剃頭外道，自眼不明，只管教人死獦狙地休去歇去。……又教人隨緣管帶，忘情默照。照來照去，帶來帶去，轉加迷悶，無有了期。殊失祖師方便，錯指示人，教人一向虛生浪死。」（《答鄭侍郎》）認為忘情默照與禪宗頓悟宗旨相反，不能使人真正由迷轉悟。又說：「邪師輩教士大夫攝心靜坐，事事莫管，休去歇去，豈不是將心休心，將心歇心，將心用心？若如此修行，如何不落外道二乘禪寂斷見境界，如何顯得自心明妙受用、究竟安樂、如實清淨、解脫變化之妙？」（《答陳少卿》）以為攝心靜坐，只會落入外道、二乘（聲聞、緣覺）的「禪寂斷見」、「閉眉合眼」境地，達不到「明心見性」的禪宗見地。這種不求妙悟，只須靜坐的禪雖然省力，但危害不淺，尤其是對士大夫更為有害。

「看話禪」和「默照禪」表現為宋代禪宗內部臨濟宗與曹洞宗在思想和風格上的對立。曹洞宗不只是對青原、石頭一系思想的簡單承襲，它有自己的立宗背景和思想演變過程。「默照禪」重視觀心、看心、凝住壁觀，它反映了宋代曹洞宗向達摩禪回歸的趨勢，在形式上更接近於神秀系北宗禪。雖然在禪學思想和風格上彼此非難，互不相下，但在個人交誼上，宗杲與正覺卻友好相處。正覺生前曾幫助宗杲解決過僧眾資糧問題；正覺去世後，宗杲按照他的遺言，為之主喪事，並為遺像作贊。

明教契嵩的思想特色是什麼？

明教契嵩是活躍於宋仁宗時代的禪宗雲門宗著名僧侶。他一生著述百餘卷，六十餘萬字，其中最能反映他思想特色的是《輔教編》三卷。契嵩思想的主要特色是「三教合一」論。

所謂「三教合一」，是指儒、釋、道三教的調和、融合、統一。《輔教編》一書的中心，就是「廣引經籍，以證三家一致，輔相其教」。契嵩認為，三教名目雖然不同，但目的是一致的，區別僅在深淺和功用上。

契嵩的三教合一論，突出宣傳了忠孝觀念。《輔教編》中有《孝論》十二章，針對唐代韓愈、宋代歐陽修等人的排佛言論以及理學家的倫理觀念，以儒、釋在孝道論上的一致說進行調和。在《輔教編》的《原教》章中，契嵩從理論上說明忠、孝的一致性和對帝王竭忠，對父母盡孝的必要性，著重指出「佛之道」「亦有意於天下國家」的道理。在《中庸解》中更認為，人身修養得從「中庸」開始，進而修習仁義五常，由個人的正心、誠意、修身才能達到齊家、治國、平天下的理想。這是把儒家的倫理原則視為禪的生活準則了。

宋代提倡三教合一、援儒入佛的禪僧，除了明教契嵩，還有永明延壽、大覺懷璉、佛印了元、圓悟克勤以及大慧宗杲等人。如佛印了元向王安石直接提出融合三教的口號：「道冠儒履佛袈裟，和會三家作一家。」而大覺懷璉則曾描繪過三家合一後融和歡樂的圖景：「若向迦葉門下，直得堯風蕩蕩，舜日高明，野老謳歌，漁人鼓舞。當此之時，純樂無為之化。」

契嵩的思想和活動在當時引起了強烈反響，並對後世佛教思想產生了重大影響。契嵩名振海內，他的著作也由宋仁宗敕「傳法院」編入《大藏經》。

契嵩為代表的宋代禪宗三教合一思想，是歷史上三教關係長期發展的產物。宋以前的三教合一論者，以理論的提倡為主，將三教進行一些簡單的比附、對照，而宋代禪僧則更進一步深入、全面而又有重點地將佛教思想與儒、道思想加以調和融合，契嵩的思想特色反映了長期以來佛教對儒家學說的屈服和妥協。同時，契嵩的思想又是在理學建立之際產生的，它受到理學忠孝等倫理道德學說強有力的束縛。為了適應世俗哲學理論體系，禪僧不得不改變風格，委曲求全。隨著宋代中央集權政治的強化以及理學作為官方哲學地位的鞏固，佛教日趨顯示作為輔助力量的特點，禪宗思想特色也相應發生變化。

大慧宗杲為何提倡「忠義之心」說？

　　兩宋之際的禪宗代表人物大慧宗杲除了提倡看話禪，還提出「忠義之心」說。他認為，佛教徒也應該與世俗忠義之士一樣，具有忠君愛國的思想品格，他把學佛與忠君並論，把禪教的菩提心與儒家的忠義心並提。

　　宗杲說：「菩提心則忠義心也，名異而體同。但此心與義相遇，則世出世間，一網打就無少無剩矣。」又說：「未有忠於君而不孝於親者，亦未有孝於親而不忠於君者，但聖人所贊者依而行之，聖人所呵者不敢違犯，則於忠於孝，於事於理，治身治人，無不周旋，無不明瞭。」他宣稱：「予雖學佛者，然愛君憂國之心與忠義士大夫等，但力所不能而年運往矣。」（《大慧語錄》卷二四）宗杲去世後，張浚在為他所撰的《塔銘》中稱頌說：「師雖為方外士，而義篤君親，每及時事，愛君憂時，見之詞氣。」

　　事實上，宗杲也確曾在他的禪僧生涯中實踐過「忠君憂時」的思想。據《宋史‧張九成傳》說：「先是，逕山僧宗杲，善談禪理，從遊者眾，九成時往來其間。檜恐其議己，令司諫詹大方論其與宗杲謗訕朝政，謫居南安軍。」張浚《塔銘》也記載說：「（宗杲）所交皆俊艾，當時名卿如侍郎張公子韶（九成）為莫逆友，而師亦竟以此遇禍。蓋當軸者恐其議己，惡之也。毀衣焚牒，屏居衡州凡十年，徙梅州五年。」張九成曾因在朝中論災異時政，迕及權相秦檜，又贊同趙鼎反對和金之議，受秦檜妒恨，被彈劾落職。宗杲與張九成交遊，不願阿附秦檜，也就同樣成為秦檜打擊對象。這件事的直接原因是所謂「神臂弓事件」。南宋紹興十一年（一一四一年），張九成至逕山拜訪宗杲，語及「神臂弓」（克敵象徵），《雲臥書》說：「今山僧（宗杲自稱）卻謂侍

郎（九成）禪為『神臂弓』。未免以偈見意曰，『神臂弓一發，穿過千重甲。仔細拈來看，當甚臭皮襪』。」不久，「侍郎遭台評，被及教師（指宗杲）有衡陽之行。蓋是時朝廷議兵，而『神臂弓』之論，頗紛紜。」可見，宗杲曾有意識借「神臂弓」以發揮，而秦檜也確認這是在影射自己反戰求和。宗杲被流放衡州、梅州十五年，僧俗追隨如初，「雖死不悔」。可見他在當時人們心目中也是一位具有民族感情的愛國僧侶。

宋以前儒家講孝，重點在「移孝為忠」，忠孝問題落實到對君主的絕對服從，但從宋代開始，「忠君」與「愛國」往往相提並論。在宋代，無論是正統的理學家（如程朱），還是理學內部的反對派（如陳亮、葉適），都視忠君愛國為做人的最高標準。佛教向來以脫世離俗，與世事無緣標榜，僧侶既已出家，以釋為姓，也便割斷了與父母的關係，不受世俗倫理觀念的約束。宗杲把自己的宗教實踐與忠君愛國的世俗理想密切配合，深刻反映了當時內憂外患的社會現實對佛教的影響；為了迎合世俗生活的實際需要，佛教在宋代已直接把忠孝節義當作自己教義的組成部分。

◀ 浙江杭州岳王墳。

▲ 杭州六和鐘亭，六和鐘聲自古是杭州一景。據傳，北宋時武松在隨宋江鎮壓方臘起義後，在錢塘江邊聽聞六和鐘聲，遂削髮出家，高壽而終。

何謂「念佛禪」？

「念佛禪」指禪宗有意識吸收淨土宗的信仰和實踐，造成禪淨融合的新體系。禪僧的身分沒有變，但把日常修持重心轉移到了念佛上。這一局面是從宋代開始出現並發展起來的，反映了宋代佛教禪宗的又一重大特點。

念佛是淨土宗修行的基本內容。相傳東晉時釋慧遠在東林寺立「蓮社」，發願往生西方淨土。東魏汾州玄中寺僧曇鸞受菩提流支影響，提倡一心專念阿彌陀佛，可入西方淨土。隋唐間僧人道綽在玄中寺見曇鸞碑，生仰慕之情，歸心淨土，他勸人口念阿彌陀佛名字，以豆粒計數。道綽去世後，善導入長安宣傳念佛法門，完成淨土宗的教義和行儀。淨土宗以稱名念佛為特色，主張依他力（彌陀願力）而往生西方「極樂世界」，由於它簡單易行，所以對民眾的吸引力很強，社會影響廣泛。

延壽是禪淨融合一致說較早的積極倡導者。他在《萬善同歸集》一書中引用淨土宗僧侶慧日有關禪淨雙修的觀點，認為佛教的一切修行都是善行，它們最後都要歸向淨土。據載，他「日課一百八事，未嘗暫廢，學者參問，指心為宗，以悟為則。日暮往別峰行道念佛，旁人聞螺貝天樂之聲。」（《佛祖統紀》卷二六）可見他一方面以禪師的身分開導參學弟子，另一方面又致力於念佛實踐。某種意義上說，延壽的宗教實踐是以回向淨土為根本目的的，他常「夜施鬼食，晝放生命，皆回向莊嚴淨土」，「誦經萬善莊嚴淨土」。在他的參禪念佛「四料揀偈」中，把禪淨雙修視為全部佛教修行的最高層次，說：「有禪無淨土，十人九蹉路；陰境若現前，瞥爾隨他去。無禪有淨土，萬修萬人去；但得見彌陀，何愁不開悟。有

禪有淨土，猶如戴角虎；現世為人師，來生為佛祖。無禪無淨土，鐵床並銅柱；萬劫與千生，沒個人依怙。」

契嵩也主張禪淨融合一致，並身體力行。他「夜分誦觀世音名號，滿十萬聲則就寢」（《林間錄》捲上）。義懷也以禪僧身分教人修習淨土，還專門撰寫了《勸修淨土說》一文。宗賾先是兼學禪教，後又轉向禪淨融合；他曾建「蓮華勝會」，規定凡預會者，無論僧俗，都要同聲稱念彌陀佛名號，據念佛之數「以辨功課」。此外，著名禪師圓通法秀、照圓宗本等，也都主張並實踐禪淨一致雙修。總之，「念佛禪」已逐漸成為禪宗發展的重要趨向。

在「念佛禪」興起和發展過程中，官僚士大夫產生過有力的推動作用。宋代官僚士大夫熱衷於參禪學佛，他們不僅與禪僧詩文相酬，表達共同意趣，而且經由結社活動表達一致的念佛淨土信仰。如蘇軾曾與東林常總在廬山東林寺集道俗千餘人建禪社，晚年致力於淨土念佛實踐。歸依天衣義懷的官僚楊傑，既「明悟禪宗」，又「闡揚彌陀教觀，接誘方來」。他認為，念佛往生西方淨土，最「簡而易行」，只要「一心觀念，總攝散心」，依靠彌陀願力，便可抵達極樂世界。又如文彥博兼譯經潤文使時，在京與淨嚴禪師結僧俗十萬人念佛。

不同歷史時期的佛教表現出不同的性

格和特點。南北朝時期學派紛爭，隋唐時期宗派並立。隋唐宗派各具特色，即使各宗內部也是各派「宗眼」分明。宋代佛教則致力於模糊宗派分歧，消融諸派特色，調和三教關係。「念佛禪」的興隆表明，唐末五代時禪宗的性格特點正在被最平易通俗的宗教實踐所取代。

▲ 在中國古代，佛教寺院承擔了很多社會功能。這幅繪於唐代的敦煌壁畫的內容與寺學有關。寺學是佛教寺院設置的義學，主要供社會中下層的兒童就學。該畫情節生動，描繪了寺學學堂生活的一幕。老師端坐屋內，助教在院裡體罰一名學生，廂房中的同學們紛紛探頭向院裡張望。

宋代有哪些士大夫參禪？

　　士大夫的參禪學佛，在唐末五代已相當普遍，至宋代則進入了一個新的階段。據歸雲如本和尚《叢林辨佞篇》所載，宋代士大夫如富弼、楊億、李遵勗、楊傑、張商英、張九成、李邴、呂本中等都曾熱衷於禪學。

　　這些士大夫於「脫略世俗」中「棲心禪寂」。富弼於仁宗朝官拜樞密副使，後與文彥博並相；英宗朝拜樞密使，封鄭國公，他問道於雲門宗天衣義懷的法孫投子修顒，往來書信偈頌甚多。楊億於真宗時入翰林為學士，兼史館修撰，後拜工部侍郎；李遵勗於真宗時為駙馬都尉。他倆與臨濟宗義玄五世孫廣慧元璉以及谷隱蘊聰關係頗為密切，又與石霜楚圓激揚酬唱。楊傑官至禮部員外郎，他與楊岐方會弟子白雲守端頻繁交往，獲得證悟。張商英於哲宗時為工部侍郎，遷中書舍人，徽宗初為吏部、刑部侍郎，翰林學士，後拜尚書右僕射，他參學於黃龍慧南法孫兜率從悅門下，扣關擊節，徹證源底。張九成中進士第一名，入仕為僉判、著作郎、禮部侍郎兼侍講；李邴於徽宗時除給事中、同修國史兼直學士院，遷翰林學士，高宗紹興初拜尚書右丞、參知政事；呂本中官至直學士。上述三人在大慧宗杲處「登堂入室，謂之方外道友」。此外，著名文人黃庭堅於哲宗元祐年間住黃龍山，「與晦堂和尚遊，而與死心新老、靈源清老尤為方外契」（《羅湖野錄》捲上）。晦堂祖心、死心悟新、靈源惟清均為黃龍派著名禪師。歐陽修在讀到契嵩《輔教編》後改變排佛立場，後來遊廬山東林圓通寺，遇祖印居訥禪師，倆人談論禪學，折中儒佛，頗為投機，並對居訥「肅然心服」。一代文豪蘇軾曾得法於東林常總，又與佛印了元為方外道友，熱衷於參禪生活。由此可見，士大夫的參禪學佛在宋代達到全盛，成為當時社會生活的一個重要內容。就連宋高宗也深有感慨地說：「朕見士大夫奉佛者多。」

　　在這一歷史潮流衝擊下，即使那些以反佛排

佛標榜的理學家們也幾乎無不與佛教（尤其是禪宗）發生關係。如理學奠基人周敦頤曾參禪於黃龍慧南，問道於晦堂祖心，謁見佛印了元，師事東林常總。程頤與禪僧靈源惟清保持密切關係，現尚有兩人往來書信互通保存於《靈源筆語》和《禪林寶訓》中；而他的坐禪入定功夫則為世人所共知，「程門立雪」故事即其一例。理學集大成者朱熹自述年十五、六時，「亦嘗留心於此（禪）」，曾「理會得個昭昭靈靈底禪」，十八歲應舉考試前，篋中只有《大慧語錄》一帙。他曾說：「今之不

為禪學者，只是未曾到那深處，才到深處，定走入禪去也。」（《朱子語類》卷六）意思是說，如對禪的修習功夫深了，就會自然而然地投入它的懷抱。

影響所及，就連皇帝也要與禪僧打交道，表示自己的風雅高潔，如宋孝宗曾向宗杲、德光、道樞、寶印等禪僧問及「禪道之理」。

◀ 唐代銅鎏金觀音像。
▼ 反映宋代宮廷活動的圖畫。

宋代士大夫參禪原因何在？

宋代士大夫參禪之風盛行，究其原因，大致有以下三個方面。第一，所謂「儒門淡薄，收拾不住」。第二，官場受挫而遁入空門。第三，與禪僧詩文相酬。

隋唐以來的科舉取士制度可以籠絡部分知識分子，使他們踏上仕途，但它所表現的日益脫離實際、不重實學的傾向並不能長期起到振奮精神的作用。倒是佛教禪宗以它獨特的心性學說和接引風格給文人士大夫以強烈的刺激。高官厚祿、榮華富貴可以滿足他們的物質慾望，卻無力戰勝禪宗的心性之說。儒家傳統的倫理說教在佛教盛行之時逐漸失去懾服人心的作用。所以張方平說，馬祖、丹霞等人才能不在孔孟之下，可惜的是「皆歸釋氏」。

唐末五代長期的戰爭動亂對士大夫的政治地位和經濟地位帶來直接的嚴重威脅。宋代表面雖還繁榮安定，常給人以虛假的安慰。實際上，這一王朝始終處於內憂外患之中，三百年間，中國境內存在著幾個民族政權並立的局面。北宋的北邊有遼、夏政權，西南有吐蕃政權，以後又有從東北崛起的金政權。宋、金對峙，互北宋至南宋。南宋末年，漠北蒙古政權興起。宋境內，農民階級的反抗鬥爭此伏彼起，從未停歇；統治階級內部的矛盾鬥爭愈演愈烈。唐代有長期的朋黨之爭以及宦官專權之患，兩宋則有無休止的新法舊法之爭和新黨舊黨對立。這些即使表現形式各不相同，但其結局往往十分殘酷無情。它很容易使人聯想到佛教所說的「四大皆空」、「諸行無常」，人生變幻莫測，世事難以預料。蘇軾、歐陽修、王安石、黃庭堅等大多有過類似經歷，為此，面對大千世界的滄桑變化、世態炎涼，作出漠然

◀ 朱熹著書圖。
▶ 歐陽修曾主張排佛，但晚年潛心佛學，誦持華嚴經，自號六一居士。

無事、淡泊無為的反應，內心則充滿人生如夢、朝夕異世的傷感。正如時人供認：「一生做官今日被謫，覺見從前但一夢耳。」（《叢林盛事》）王安石晚年有詩道：「身如泡沫亦如風，刀割香塗共一空；宴坐世間觀此理，維摩雖病有神通。」大有看破紅塵之感慨。蘇軾「自為舉子，至出入侍從，忠規讜論，挺挺大節，但為小人擠排，不得安於朝廷，郁悶無聊之甚，轉而逃入於禪」（《宋元學案·蘇氏蜀學案》）。黃庭堅謫居黔南時，制酒絕欲，利衰毀譽，讀《大藏經》三年，一日道中晝臥，覺來廓爾開悟。

宋代一部分禪僧受時代影響，注意三教思想的融合吸收，文化素養較高，既通禪理、又具文采的禪僧從叢林中脫穎而出，成為與文人士大夫直接交往的代表。佛印了元「凡四十年間，德印緇白，名聞幼稚，縉紳之賢者，多與之遊。蘇東坡謫黃州廬山對岸，元居歸宗，酬酢妙句，與煙雲爭麗」（《禪林僧寶傳》卷二九）。金山曇穎、廣慧元璉也都以才學而為士大夫「歆艷」。覺范慧洪更是才氣橫溢：「落筆萬言，了無停思。其造端用意，大抵規模東坡，而借潤山谷」（《僧寶正續傳》卷二）。蘇軾曾說，吳越多名僧，與他相善的「常有十九」。他舉例說，秀州本覺寺一長老，少年時為進士，由文字語言悟入，出家後以筆研作佛事，與他交遊的都是一代文人。蘇州仲殊和尚，善詩詞，能操筆立成，不點竄一字。文人士大夫們出於自身生活情趣和精神需求，樂意與這類禪僧結交。他們可借禪之名，或消磨時日、自我陶醉，或放浪形骸、玩世不恭。寺院的自然環境、禪家的教學方式、禪僧的詩文言辭有助於文人士大夫暫時拋卻世事煩惱，正如由儒轉釋的饒節德操

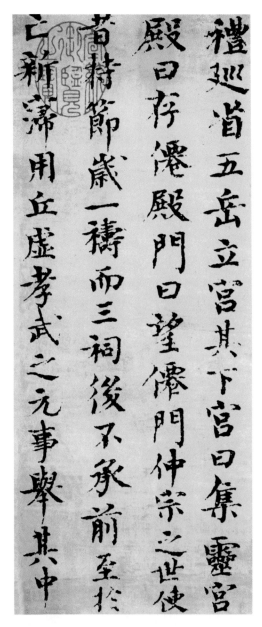

《山居頌》所云：「幾被儒冠誤此身，偶然隨分作閒人；二時齋粥隨緣飽，長短高低一任君。律師持律笑禪虛，禪客參禪笑律拘；禪律二途俱不學，幾個男兒是丈夫。」這是比較典型的思想。

禪宗怎樣影響理學？

一批儒家學者在兩宋統治者支持下，吸取、消化佛教和道教的思想，尤其吸取佛教長期醞釀並發展成熟了的心性學說，建立和完善起新的哲學思想體系——理學。

理學一再提倡和著意標榜的「內聖外王」，實質上是儒釋道合一的東西，是儒家治世事功和佛教精神境界以及道教神形仙骨統一的理想標準。

佛教對理學形成起直接作用的是禪宗。通常認為，理學基本範疇「理」、「事」出自華嚴宗，但我們知道，華嚴宗在宋代已極其衰微，典籍散佚殆盡，倒是禪宗還表現出相對的繁榮。宋代禪僧以「華嚴禪」為背景，往往兼習華嚴教義，闡發理事（體用）關係。事實上，宋儒接受華嚴理事關係說，主要經由與禪僧的頻繁交往。據《居士分燈錄》載，禪僧圓悟克勤曾謁張商英

於荊南，兩人「劇談華嚴要旨」。克勤說：「華嚴現量境界，理事全真，初無假法。所以即一而萬，了萬為一，一復一，萬復萬，浩然莫窮。」他又告訴張商英：「若到事事無礙法界，法界量減，始好說禪。」這是克勤借用華嚴宗圓融無礙的「四法界」學說向張商英說禪，而禪的最高境界實際上也就是華嚴宗「理事無礙」、「事事無礙」、「真俗無礙」的境界。禪宗各派中與華嚴學說最相近的是曹洞宗，理學家反覆申述的「體用一源、顯微無間」，與曹洞宗「五位」學說的核心「君臣五位」有著內在的密切聯繫。「君臣五位」旨在說明體用（理事）的圓融

一致，並認為只有這種圓融一致的體用
關係才是「君臣道合」。天童正覺
所倡導的「默照禪」，意在經由
靜坐默究，體會理事無礙、事事
圓融的境界。

　　佛教不觸及社會改造而注
重於宗教內心修養，隋唐宗派
佛教已具有了完整的心性學說
體系。宋代禪宗、天台宗進一步
在這方面開拓，把佛教心性之說
加以發展和完善。

　　宋代禪宗的心性論大抵是在
洪州禪「性在作用」、「觸類是道
而任心」的基礎上，結合孟子性善
說發展起來的。東林常總與程門
弟子楊時有如下一段談論心性問
題的對話。「（時）謂師曰：
『禪學雖高，卻與儒學未有所
得。』師曰：『儒學緊要處也
記得些子，且道君子無入而
不自得，得個甚麼？』時默
然。」「師又與時言：『阿
賴耶識，此言善惡種子。白

淨無垢，即孟子之言性善。性善則可謂探其
本也，言善惡混乃於善惡未萌處。』時又問
曰：『孟子道性善是否？』師曰，『是。』
時又問：『性何以善言？』師曰，『本然
之性不與惡對。』」（《佛法金湯編》卷
十三）這裡，常總先是否認關於佛家對儒家
缺乏瞭解的看法，接著有意識地將禪宗心性
說與儒家性善說加以調和，宣傳佛教的「本
然之性」說。這一「本然之性」對理學「天
地之性」、「天命之性」的建立，其作用不
容忽視。北宋禪僧金山曇穎曾著《性辯》一
文，認為，儒家說窮理盡性，與禪宗「頓
悟」學說有一定距離；「理」和「性」只能
作神秘的體悟而不可「窮盡」，因為它們不

是知識所及的領域。在禪宗看來，性無所謂
善惡，只為方便而說善惡。這種思想雖意在
陳述佛教心性說與傳統儒家人性論的差別，
但它對理學中陸王一派（心學）更具啟發意
義。

◀ 宋代成實論冊，成實論是佛教論書，古印度訶梨跋摩著，鳩
　摩羅什譯。成實即成就四諦之意。
▼ 北魏銅鎏金紀年釋迦牟尼佛。

「西天二十八祖」說何由而來？

天台宗創始人智顗在《摩訶止觀》一書中，陳述了「西天二十四祖」始於迦葉終於師子，加上末田地，共計二十四人。但禪宗系統僧侶否認天台宗所信奉的二十四祖之說，提出了另一世系，即「西天二十八祖」說。

自東漢起，印度、中亞以及西域一帶來中國譯經傳教的僧侶日漸增多，他們曾帶來有關佛教傳法世系的傳說，這些在中國佛教史籍中不乏載錄。其中與禪宗有直接關係的是所謂《付法藏傳》，又名《付法藏因緣傳》。它的著者說法不一，據宗密說，當為「西域賢聖所集」。它前後共被翻譯三次，第一次是劉宋文帝時由釋寶雲譯出，名《付法藏經》；第二次是北魏文成帝和平三年（四六二年）由釋曇曜譯出；第三次是北魏孝文帝延興二年（四七二年）由西域沙門吉迦夜譯出。《付法藏傳》記述了釋迦牟尼逝世後其嫡傳弟子摩訶迦葉、阿難、商那和修、優婆毱多、提多迦、彌遮迦、佛陀難提、佛陀蜜多、脅尊者、富那奢、馬鳴、比羅、龍樹、迦那提婆、羅睺羅、僧伽難提、僧伽耶捨、鳩摩羅馱、闍夜多、婆修槃陀、祖摩奴羅、鶴勒那、師子共二十三人的傳法世系。

「二十八祖」說始於唐智炬的《寶林傳》。天台宗人宣稱，《寶林傳》所列最後四祖的名字是杜撰的，說，因為智炬看到《達摩多羅禪經》中列有九人，第八名達摩多羅，第九名般若密多羅，於是就在「達摩」上增「菩提」二字，把菩提達摩移居般若密多羅之後，又取其他地方二人的名字婆舍斯多和不如密多置於第二十四祖後，便成了二十八人（仍以摩訶迦葉為初祖）。至宋初《景德傳燈錄》撰成，禪宗二十八祖說逐漸定型。北宋嘉祐年間，禪僧契嵩祖述《寶林傳》，著《禪宗定祖圖》、《傳法正宗記》、《傳法正宗論》等書，再次肯定禪宗的印度世系為二十八祖。經由仁宗皇帝的敕賜入藏，該說遂成定論。為菩提達摩的祖位尋找更為充實的理由，《景德錄》於菩提達摩名下注曰：「本名菩提多羅。」《正宗記》又改曰：「初名菩提多羅，亦號達摩多羅。」並於《定祖圖》菩提達摩下注曰：「其名稱呼不同，如達摩多羅，凡三四說。」

天台宗僧侶子昉、從義等人曾對禪宗定祖說予以激烈反對。他們不僅認為二十八祖沒有根據，而且連帶提出禪宗所傳「拈花微笑」、「隻履西歸」、「立雪斷臂」等故事也純屬虛構。

天台宗重視止觀雙修，「止觀」是禪定和智慧的合稱。北齊慧文、南嶽慧思都是一代著名禪師。智顗創立天台宗，正式提出止觀不可偏廢，認為止觀二法，「如車之雙輪、鳥之雙翼」（《修習止觀坐禪法要》）。為了突出自己這一宗的淵遠流長，他們把學統上溯到印度龍樹。因此，天台宗與禪宗在禪法和祖統上發生矛盾便不難理解。事實上，無論是天台宗的二十四祖說還是禪宗的二十八祖說，都缺乏事實依據，本來就是不可靠的。爭論只能說明宗派意識在佛教僧侶身上的強烈表現，很難看出有什麼實際意義。宋代佛教這兩大宗如此重視定祖問題，還因為它們

都以為經由定祖可以加強自己宗派的地位，宋人陳舜俞《明教大師行業記》認為，契嵩撰《正宗記》和《定祖圖》乃是「慨然憫禪門之凌遲」。

▼ 天台山智者塔院智顗肉身塔，肉身塔用青石製成，高約七公尺，鏤刻精細。第一層正面佛龕設智顗坐像。殿壁列天台宗十七位祖師畫像：智顗、灌頂、智威、慧威、玄朗、湛然、道邃、行滿、廣修、物外、元誘、清竦、羲寂、義通、知禮、慈雲、傳燈。

《祖堂集》的價值何在？

《祖堂集》一書編者是五代南唐泉州招慶寺的靜、筠二禪僧，成書時間為保大十年（九五二年）。全書二十卷。《祖堂集》的價值在於它是早於《景德傳燈錄》半個多世紀完成的完整禪宗史書，在史料等方面具有特殊的地位。

靜、筠是雪峰義存下三傳弟子（義存傳保福從展，從展傳福先文僜，文僜傳靜、筠）。義存在閩國太祖王審知時獲得厚遇，他在閩地講法四十餘年間，「四方之僧爭趨法席者不可勝算矣，冬夏不減一千五百」。其得法弟子玄沙師備也得閩王崇奉，待以師禮，賜以紫衣、師號。因唐末五代戰亂，天下禪僧紛紛南下，雲集於浙江、福建一線，加上王審知子王延鈞奉佛，曾度僧二萬，「由是閩中多僧」。當時禪宗界有「北有趙州，南有雪峰」之稱，足以說明雪峰義存門下人才之眾。由於雪峰門下聚集了來自全國各地的禪客，自然消息漸多，話題也日增。這些就成為《祖堂集》產生的背景。

《祖堂集》內容，記述了從迦葉以至唐末、五代（最後為福先文僜）共二百五十六位禪宗祖師的主要事跡和問答語句，而以雪峰一系為基本線索。

日本研究禪宗史的著名學者柳田聖山認為，「《祖堂集》的開版經過至今尚有許多不明之處，但其近代的再發現，對研究初期的禪宗史則是僅次於敦煌文獻的寶貴史料」。可惜，此書長久以來默默無聞，不知其本來面目。直至一九一二年，日本學者關野貞、小野玄妙等對朝鮮南部慶尚道陝川郡伽耶山海印寺所藏高麗版大藏經版本進行調查時，從其藏外版中發現高麗高宗三十二年（一二四五年）開雕的《祖堂集》二十卷的完整版本。在此之前，只是在契嵩自撰自注的《夾注輔教編》中，曾提到他見過《祖堂集》，此後人們便對它毫無所知了。第二次世界大戰後，日本花園大學複印了《祖堂集》的普及本；一九七二年，柳田聖山又在日本出版了它的影印本。目前中國一些學術研究機構也已得到了它的影印本。這對禪宗的研究無疑是十分有益的。

一般認為，《祖堂集》在它形成並流傳半個多世紀後失去它的地位，主要原因是由於《景德傳燈錄》的廣泛流傳。《景德傳燈錄》撰成不久，便受敕令編入《大藏經》，享受特別榮譽和待遇。隨著木版印刷的發展，《景德傳燈錄》逐漸普及於僧俗界，從而取代《祖堂集》的地位和影響。

《景德傳燈錄》的地位如何？

《景德傳燈錄》為北宋禪僧道原所著，共三十卷。在《寶林傳》、《祖堂集》未發現之前，《景德傳燈錄》是禪宗最早的一部完整史書，其史料價值遠在《五燈會元》之上，為學術界研究禪宗史的重要資料，成為必讀之史。

「景德」是宋真宗年號，標明該書撰成時代；因燈能照暗，禪宗謂以法傳人，猶如傳燈，故名「傳燈錄」。《景德傳燈錄》記述了自過去佛至法眼文益法嗣的禪宗傳法世系共五十二世一千七百零一人的問答語句。另外，附有語錄者九百五十一人。其中，卷一、卷二記過去七祖、西天二十七祖；卷三記東土五祖（達摩是西天二十八祖兼東土初祖）；卷四記東土四祖道信和五祖弘忍的旁出法系；卷五記慧能法嗣，包括為仰宗、臨濟宗的法系；卷十四至卷二十六記慧能弟子青原行思的法嗣，包括曹洞宗、雲門宗、法眼宗法系；此外是外宗「禪門達者」傳、名禪師語錄和讚頌詩文等。

該書撰成後，上於朝廷，真宗詔翰林學士楊億、兵部員外郎李維、太常丞王曙等裁定潤色，批准入藏。這樣，它獲得了敕修史書的特殊地位，從而迅速流傳開來。

就體裁和內容而言，「燈錄」是記言體，它與「僧傳」的記行（也有記言，但以記行為主）不同。「燈錄」又是一種特殊的「譜錄體」，即按世次記載，這也與「僧傳」的傳記體不同。「燈錄」只限於禪宗，不像「僧傳」那樣包羅各科。自《寶林傳》、《祖堂集》於二十世紀上半葉被發現，得知《景德傳燈錄》曾受它們的影響，多所取材。事實上，在宋代《景德傳燈錄》完成之前，早在唐末、五代時已有多種禪宗史書出現，所以在內容上，《景德傳燈錄》是在這些史書基礎上進一步搜集資料、經過篩選加工以後定型的。《景德傳燈錄》經文人潤色，文字新鮮脫俗，讀之頗有聲色，所以歷來受僧俗兩界歡迎。

自《景德傳燈錄》刊布後，在宋代又陸續出現了多種「燈錄」，直至元明清各代，繼承傳統，「燈錄」之作綿延不斷，可見到的尚有數十種之多。影響所及，儒家也都仿照這種體裁編撰著作，如朱熹的《伊洛淵源錄》，黃宗羲的《明儒學案》、《宋元學案》，萬斯同的《儒林宗派》等都屬此類。

《五燈會元》為何深受文人喜愛？

　　《五燈會元》是在《景德傳燈錄》之後編成的四種「燈錄」基礎上刪繁就簡彙編而成，計二十卷。《五燈會元》綱目明瞭，便於僧俗披覽。為此，自《五燈會元》出，包括《景德傳燈錄》在內的前五種「燈錄」社會地位逐漸被它取代，成為流傳最廣的「燈錄」。

　　在道原的《景德傳燈錄》問世後，陸續又有四種「燈錄」編成。它們是《天聖廣燈錄》、《建中靖國續燈錄》、《聯燈會要》和《嘉泰普燈錄》。《天聖廣燈錄》三十卷，臨濟宗人李遵勗撰於宋仁宗天聖七年（一〇二九年）；《建中靖國續燈錄》三十卷，雲門宗禪僧惟白撰於宋徽宗建中靖國元年（一一〇一年）前；《聯燈會要》三十卷，臨濟宗禪僧悟明撰於孝宗淳熙十年（一一八三年）；《嘉泰普燈錄》三十卷，雲門宗禪僧正受撰於寧宗嘉泰年間（一二〇一～一二〇四年）。其中《天聖廣燈錄》的編成距《景德傳燈錄》只有十餘年，各宗世系無多出入，只是章次略作變動，所記人數及問答語句稍

有擴充，故名「廣」。《建中靖國續燈錄》撰成距《景德傳燈錄》將近百年，其書目的在續道原之作，故名「續」；該書分「正宗」、「對機」、「拈古」、「頌古」、「偈頌」五門敘述，所載人物約一千七百有餘。《聯燈會要》上距《建中靖國續燈錄》又有八十餘年，編者意在合北宋三種「燈錄」為一書，而補八十餘年來前者未收載的臨濟、雲門二家禪師語錄。《嘉泰普燈錄》撰成距《聯燈會要》僅二十年，作者未曾見到《聯燈會要》，因見《天聖廣燈錄》、《建中靖國續燈錄》沒有載錄帝王、公卿、師尼、道俗，不具「普照」意義，故他不論僧俗，將北宋三燈未取的重要人物，全部收入。

　　《五燈會元》作者普濟，臨濟宗楊岐派禪僧，宗杲三世孫。將原「五燈」計一百五十卷縮為二十卷，卷帙減去原書七分之六強，而內容實際只減去原書二分之一左右，所以首先給人以簡明扼要之感，對於只需略知禪宗大意者來說，是一部份量適中的入門書。

　　原來「五燈」各書以南嶽、青原兩大系分別敘述，以下不再分宗立派。但世

系既久，支派繁衍，法嗣散佈，大系難以統攝，所以《五燈會元》改變結構，在南嶽、青原下，復立宗派，明晰易查，方便讀者。卷一，記七佛及東土六祖；卷二，記四、五、六祖法嗣及應化聖賢；卷三、卷四，記南嶽懷讓至五世；卷五、卷六，記青原行思至七世；卷七、卷八，記青原下二世至九世；卷九，記南嶽下三世至八世溈仰宗；卷十，記青原下八世至十二世法眼宗；卷十一、卷十二，記南嶽下四世至十五世臨濟宗；卷十三、卷十四，記青原下四世至十五世曹洞宗；卷十五、卷十六，記青原下六世至十六世雲門宗；卷十七、卷十八，記南嶽下十一世至十七世黃龍派；卷十九、卷二十，記南嶽下十一世至十七世楊岐派。

《五燈會元》不僅為佛教僧侶（尤其是禪僧）提供了禪宗史研究的資料及參禪得悟的方便途徑，而且也擴大了一般文人士大夫的視野。由於書中文字語言透徹灑脫，新鮮活潑，簡要精練，公案語錄、問答對語趣味盎然、脫落世俗，所以深為僧俗所喜讀。作為一種精神享受，元、明以來士大夫好禪者，幾乎家藏其書。

但是，對於禪宗史研究而言，《五燈會元》自有它的缺陷。一是因刪削頗多，所引原材料遠不如《景德傳燈錄》等完備；二是經過各家「燈錄」反覆文字潤色，據己意添加或刪略，古代禪師們的原意多有改變，故《五燈會元》實際上已難以作為原始資料看待。它的學術價值應低於《景德傳燈錄》。

◀ 北宋彩繪磚雕法事僧樂，從左至右一位僧人和兩位信眾正在奏樂。
▼ 杭州靈隱寺宋代十八羅漢塑像（局部）。

《碧巖錄》是怎樣的一部書？

《碧巖錄》全稱《佛果圓悟禪師碧巖錄》，亦稱《碧巖集》，由宋代臨濟宗楊岐派禪僧圓悟克勤編撰，共十卷。《碧巖錄》很得禪僧和士大夫的喜愛，對禪宗影響很大。但是它也使了禪的公案語句逐漸固定化，變得生硬僵化。

《碧巖錄》的出現，顯示「文字禪」已經進入一個新的發展階段。北宋初期，禪宗日益背離「不立文字」，「直指人心」的教旨，在文字語言上大做文章，造成「文字禪」的氾濫。先是臨濟宗僧侶汾陽善昭收集祖師機緣語句（公案）一百條，用偈頌形式對每條分別加以闡述，稱之為「頌古」，實際上它是一種「禪門問答彙編」。其後不久，雲門宗的雪竇重顯又以雲門宗思想為基礎，也作了「頌古」一百條，名「頌古百則」，把「文字禪」

向前推進了一步。宋徽宗政和（一一一一～一一一八年）初，克勤應居士張商英之請，於澧州（今湖南澧縣東）夾山靈泉院宣講唱說重顯的「頌古百則」，門人把它們記錄整理成書，並以靈泉院方丈室匾額的「碧巖」二字為題，名為《碧巖錄》。本書在錄出「百則」的每一則之前，先加「垂示」（綱要提示）；列出「本則」後，加以著語評論，介紹公案提出者的略歷；並對其中警句加以「評唱」（提出自己見解），自作頌語，最後又「評唱」之。

試舉第三十二則為例。該則「垂示」云：「十方坐斷千眼頓開，一句截流萬機寢削。還有同死同生底麼？見成公案打疊不下。古人葛藤試請舉看。」這是提示該則公案的主旨。「本則」（公案內容）是：「定上座問臨濟，『如何是佛法大意？』濟下禪床擒住，與一掌，便托開，定佇立。旁僧云，『定上座何不禮拜？』定方禮拜，忽然大悟。」下面是克勤對「本則」的說明和見解，說：「看他恁麼作用，若透得去，便可翻天作地，自得受用。定上座是這般漢，被臨濟一掌，禮拜起來，便知落處。」並以臨濟某日對定上座的開示進而加以說明：「『赤肉團上，有一無位真人，常從汝諸人面門出入，未證據者看！看！』時有僧出問，『如何是無位真人？』濟

便擒住云，『道！道！』僧擬議，濟便托
開，云，『無位真人，是什麼乾屎橛！』
便歸方丈。」透過這一解釋，對這則公案
也就比較容易理解了。定上座在義玄處悟
得的是自己所具的佛性本來面目，義玄的
種種手段也只是教人去體悟自己的佛性。
後又引出雪竇「頌」：「斷際全機繼後
蹤，持來何必在從容，巨靈抬手無多子，
分破華山千萬重。」最後是克勤對雪竇這
一頌的評唱：「『斷際全機繼後蹤，持來
何必在從容』。黃檗大機大用，唯臨濟獨
繼其蹤。拈得將來不容擬議，或若躊躇便
落陰界。……『巨靈抬手無多子，分破華
山千萬重』。巨靈神有大神力，以手擘開
太華，放水流入黃河。定上座疑情，如山
堆岳積，被臨濟一掌，直得瓦解冰消。」
經過這樣反覆著注、評唱，公案的性質、
要點就很清楚了。

到大慧宗杲時，他擔心「學人泥於言
句」，便將《碧巖錄》全部刻版毀掉了。
但這並不能解決根本問題，不久，《碧巖
錄》又被刊行並流傳至今。

元代時，曹洞宗禪師投子義青等也有
「頌古」，林泉從倫加以「評唱」，成為
《空谷集》。曹洞宗的天童正覺也有「頌
古」，元初萬松行秀為之作「評唱」，名
《從容（庵）錄》。它們與《碧巖錄》一
起廣泛流行，成為文字禪的典型。

◀ 繁塔位於河南開封，北宋淳化元年（九九○年）建成，為六角九層閣樓式磚塔，現存繁塔高三一‧六七公尺，其內外壁鑲嵌著數以千計的浮雕琉璃磚，磚雕以佛像居多，也有一部分表現的內容是佛經故事。

▲ 繁塔三層共有佛像磚大約七千多塊，佛、菩薩、羅漢、伎樂等形象造形一百多種。在繁塔內外的一百種佛像磚中，有一種人物造形是行走中的玄奘法師像。玄奘是印度大乘有宗的正宗傳人，而且開創了在唐代盛極一時的法相（唯識）宗。由於他不畏艱險、獨自西行取經，他的形象被定格為獨行僧人。

▼ 木刻寶篋印陀羅尼經，於一九二四年倒塌的雷峰塔中發現。

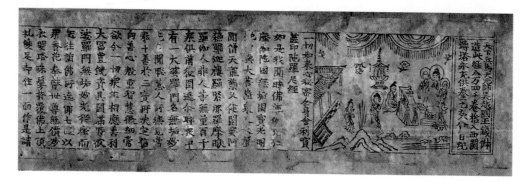

《古尊宿語錄》彙集了多少禪家語錄？

　　《古尊宿語錄》是古代禪師語錄的輯本，共四十八卷，計收錄自八世紀至十三世紀的三十六家語錄，是研究禪宗、尤其是臨濟宗一系思想的重要資料。

　　《古尊宿語錄》在明版《大藏經》中初次入藏，後來在清宣統元年至民國二年（一九〇九～一九一三年）出版的《頻伽藏》中再度收入。日本《縮刷藏經》和《續藏經》中也有完整的四十八卷。明藏本收的是重刻的《古尊宿語錄》，在該本第七卷最後附有一個序文。據序文得知，《語錄》的編集者是宋代禪僧賾藏主（「藏主」是禪寺職稱之一，專管佛經圖書），當初僅收集得南泉而下二二家的「示眾機語」，後人又漸次得雲門、真淨、佛眼、佛照等數家。至南宋末年，在女居士覺心資助下，進行了重刻，重刻原因是因為它先曾「刊於閩中」，至時「板亦漫矣，兩浙叢林得之惟艱」。關於早先所得的二十二家語錄，在《續藏經》中有日人道忠所編《福州鼓山寺〈古尊宿語要〉全部目錄》，共列出二十家，他們是：南泉普願、投子大同、睦州道蹤、趙州從諗、南院慧顒、首山省念、葉縣歸省、神鼎洪諲、三交智嵩、石門蘊聰、法華全舉、大愚守芝、雲峰文悅、楊岐方會、道吾悟真、大隨神照、子湖神力、鼓山神晏、洞山守初、智門光祚。《目錄》說：「右總二十家，如《雲臥紀談》、《物初賸語》並云，賾藏主所搜二十二家。然則，此本少二。」所少哪二家，尚須考證。但可以肯定，自最先南泉下二十二家語錄成型至明版《大藏經》四十八卷全部刊出，是一個反覆增補的過程。正因為如此，現存《古尊宿語錄》在

形式安排上極為紊亂，卷十二以下無規律可循。從體裁看，除語錄外，它還收入了與此並不協調的「拈古」（卷四十六）、「頌古」（卷四十七）、「奏對錄」（卷四十八）之類。

但從內容看，《古尊宿語錄》具有重要的史料價值，它所收集的語錄，多為《景德傳燈錄》所未曾記載的。在最初成立的五家（南嶽、馬祖、百丈、黃檗、臨濟）語錄中，黃檗《傳心法要》、《宛陵錄》由裴休編集；《臨濟錄》由慧然編集，它們在西元九世紀時都已完成，具有最充分的可靠性。五家語錄在該書中具有提綱挈領的作用。在全部四十八卷中，除洪州系南嶽、馬祖、百丈、黃檗四家三卷，雲門宗雲門、洞山、智門三家六卷，以及馬祖別傳南泉及南泉下子湖、趙州，百丈別傳大隨，黃檗別傳睦州，石頭下丹霞二傳投子，雪峰下鼓山計七家七卷外，其餘三十二卷全屬臨濟宗法系。由此看來，《古尊宿語錄》無疑是以臨濟宗為主體的唐宋禪師語錄集。倘要研究臨濟宗思想，這是一部必讀著作。

◄ 宋代景德鎮窯影青觀音坐像。觀音菩薩頭戴化佛冠，胸前佩瓔珞，外披通肩大衣，雙手結定印，面相豐腴，神情安詳。外衣和坐處施影青釉，有冰裂紋。其造型、釉色和胎質均屬景德鎮窯的上品。

▲ 《十誦律》書影，北宋龍圖閣內藏有大量古代文化典籍，圖為《十誦律》宋刻本。《十誦律》是佛教戒律書，又稱《薩婆多部十誦律》，後秦弗若多羅和鳩摩羅什等譯，六十一卷。

何謂「孔門禪」？

萬松行秀以三教合一為主旨，盡力將儒家思想納入禪宗教義。他的在家弟子耶律楚材、李純甫、趙秉文等人繼承和發展這一思想，提倡一種被時人名之為「孔門禪」的儒釋融合說教。

禪宗是金代佛教的主流。萬松行秀是金代北方地區的著名禪師，傳播曹洞禪，受金章宗禮遇。他「於孔老莊周百家之學，無不會通，恆業華嚴」（《五燈嚴統》卷十四）；「儒釋兼備，宗說精通，辨才無礙」（耶律楚材序《從容錄》）。萬松行秀的言教行事，處處以儒家道德為標準，待師以孝，愛人以德，尊帝以禮。

萬松行秀常勸其弟子耶律楚材，以佛法治心、治國，說：「世謂佛法可以治心，不可以治國，證之於湛然，正心、修身、家齊、國治之明效，吾門『顯訣』何愧於《大學》之篇哉！」（《湛然居士文集》序）萬松自喻曹洞禪門「顯訣」如《大學》篇章，正表明他的禪學溝通了儒釋。

李純甫，號屏山，少年即自負其才，謂功名可俯拾，以諸葛孔明、王景略自期。章宗時進士，因其壯志為當路者所抑，遂於中年棄官而歸心禪學。他常說，我祖老子，豈敢不學老莊？我生前為一僧，豈敢不學佛？每當酒酣之時，歷歷論天下大事，或談儒釋異同，雖環攻而不能屈。他著《鳴道集說》，「援儒入釋，推釋附儒」，提倡三教合一，以助成其師說。該書認為，儒釋融合，自唐代李翱開始，至宋代王安石父子、蘇軾兄弟而日趨成熟；理學家們對佛老也是「實與而文不與，陽擠而陰助」。這是說，三教調和融合是自然的，並且已成為歷史事實。但只是理學家所說過於膚淺，因而他要另著書申述。他本人的主張是：「卷波瀾於聖學之域，撤藩籬於大方之家」，「會三聖人理性蘊奧之妙要，終指歸佛祖而已。」（耶律楚材《鳴道集說序》）他的《重修面壁庵記》說：「道冠儒履皆有大解脫門，翰墨文章亦為遊戲三昧。」這是他有意識要將孔、老之說納入禪學。

元好問曾對李純甫的禪學予以精闢概括，他的《李屏山挽章二首》之二說：「談塵風流二十年，空門名理孔門禪。諸儒久已同堅白，博士真堪補太玄。孫況小疵良未害，莊周陰助恐當然。遺編自有名山在，第一諸孤莫浪傳。」

「孔門禪」的核心實質是儒釋融合。萬松行秀由禪門而滲透孔門，以佛法擬儒學；李純甫則由孔門而入禪門，以儒學證佛法，總的精神一致。

▶ 山西大同華嚴寺脅侍菩薩。脅侍菩薩是修行層次最高的菩薩，其修行覺悟僅次於佛陀。在沒有成佛前，常在佛陀的身邊，協助佛陀弘揚佛法，教化眾生。大千世界十方三世之中有無數佛，而每一佛都有兩位或幾位脅侍菩薩。

湛然居士是誰？

金元時代禪宗界有一位著名人物，他就是耶律楚材，「湛然居士」是其師萬松行秀給他取的號。耶律楚材具有禪學修養的功底，使他在詩文上得益不小。從政餘暇，他寫下許多與禪學相關的作品，這些作品一氣呵成，樸實無華，無矯飾之跡。

耶律楚材出身於金代末年的契丹貴族家庭，自小博覽群書，精通經史。由於他目睹和經歷了連年戰亂給人民帶來的巨大災難，因而在燕京被蒙古軍包圍期間，他拜萬松行秀為師，皈依佛教。不久，燕京陷落，他為成吉思汗所用。在跟隨成吉思汗西征途中，他曾以「治天下匠」自居。然而他並未真正受到重視，雖高居相位，卻權力有限，許多政治主張未能付諸實現，最後鬱鬱而終。

萬松行秀敘耶律楚材參學經過，說：「湛然居士年二十有七，受顯訣於萬松。其法忘死生，外身世，毀譽不能動，哀樂不能入。湛然大會其心，精究入神，盡棄宿學，冒寒暑、無晝夜者三年，盡得其道。萬松面授衣頌，目之為湛然居士從源。」（《湛然居士文集》序）但他到底於禪學意境如何，各說不一。只有一點是可以肯定的，作為萬松的弟子和李純甫的同學，他的禪同樣可以被視為「孔門禪」。

自耶律楚材被窩闊台任命為中書令，他便著手「以儒治國，以佛治心」的實踐，以為「窮理盡性莫尚佛乘，濟世安民無如孔教。用我則行宣尼之常道，捨我則樂釋氏之真如」（《寄用之侍郎》）。由於他不像李純甫那樣棄官隱居，長往不返，而是始終不離政壇，周旋於帝王將相之間，其思想自然有所差異。芳郭無名人為《文集》所寫「後序」中指出：「觀居士之所為，跡釋而心儒，名釋而實儒，言釋而行儒，術

釋而治儒。」認為耶律楚材思想的主要傾向是建功立業、振興儒教，「諫革初制之苛猛，甦息民物之瘡痍，豐功偉烈，衣被天下，非劉秉忠諸人所能望。振興儒教，進用士人，以救偏任武夫及色目種人之弊，亦開姚許之先聲。意者其學術必有服習六藝，秕糠眾流，立天地之心，以佐龜拯之業者」。

他的「以儒治國，以佛治心」的實踐或許是當時戰亂局面下的一番苦心運用。孟攀鱗的「序」也同樣認為：「今公之為言，非徒示虛文而已，實救世行道之具。所以柱石名教，綱紀彝倫，鼓舞士風，甄陶人物，豈惟立當代之典章，端可為將來之軌範。」這是說明他思想的核心是在儒學方面。他在蒙古貴州統治地區推行儒家政治統治，禪學逐漸成為一種社會交際的手段和詩詞唱和的工具。正因為如此，萬松曾批評他是「近乎破二作三，屈佛道以徇儒情」。對此，他辯解說，我這樣做只是一種「行權」即方便而已，目的是逐漸使「庸儒」們接受、信仰禪學。這當然是言不由衷的。但從究竟上說，萬松對他的弟子的外禪內儒給予肯定，認為這對「正心修身、家齊國治」有顯著成效，沒有偏離《大學》之說。

耶律楚材思想的另一要點是三教合一說。他在《題西庵歸一堂》詩中寫道：

「三聖真元本自同，隨時應物立宗風。道儒表裡明墳典，佛祖權宜透色空。曲士寡聞能異議，達人大觀解相融。長沙賴有蓮峰掌，一撥江河盡入東。」他自稱此詩與李純甫「卷波瀾於聖學之域，撤藩籬於大方之家」數語見解相同。

◀ 北京碧雲寺羅漢堂的五百羅漢之一，造型生動。北京碧雲寺最初是耶律楚材的後裔建造的府邸。後被改成寺院。碧雲寺南院羅漢堂內排列有五百尊木製塗金羅漢像。這五百羅漢依照清乾隆帝親自擬定的順序排列，每個羅漢前均立有漆金神牌，上面寫著羅漢的名字。乾隆帝把自己也封為羅漢，名為破邪見尊者。關於五百羅漢有兩種說法：一是參加第一次或第四次結集的五百僧人；二是常隨釋迦牟尼聽法傳的五百弟子。

▲ 碧雲寺金剛寶座塔，建於清乾隆十三年（一七四八年）。塔高三四．七公尺，漢白玉石砌成。金剛寶座塔本指建於印度菩提伽耶城釋迦牟尼悟道成佛之處的紀念塔。後來，凡仿該塔形制而建的塔，均稱為金剛寶座塔。

明代有哪些著名的禪僧？

明朝建立之初，推崇理學，強化專制思想統治，對佛教控制益趨嚴格。只是自中葉以後，參禪熱潮再次掀起，致禪風稍盛，頗有中興之景。這一時期著名的禪僧有楚石梵琦、密雲圓悟、漢月法藏、無明慧經等人。

楚石梵琦是明初的禪宗名師，是元叟行端的弟子、大慧宗杲下五世孫，曾被袾宏譽為「本朝第一流宗師」。其悟道偈有如下兩句：「拾得紅爐一點雪，卻是黃河六月冰。」對禪似頗有見地。但作為著名

禪師，梵琦也還是順應宋元以來的時代潮流，提倡禪淨雙修，並把淨土視為歸宿。他的《淨土詩》說：「一寸光陰一寸金，勸君念佛早回心」，「塵塵剎剎雖清淨，獨有彌陀願力深」，「遙指家鄉落日邊，一條歸路直如弦。」

明中葉後，臨濟宗方面著名禪師有笑巖德寶，其弟子為幻有正傳。正傳門下有密雲圓悟、天隱圓修、雪嶠圓信，三人各傳一方。圓悟弟子漢月法藏著《五宗原》，圓悟見後，予以批駁，遂引起一場綿延至清初的長期爭論。

明中葉後曹洞宗一系也有幾個重要禪師活躍於南方，他們是無明慧經及其弟子無異元來、永覺元賢。慧經住江西新城壽昌寺，因他曾受臨濟教義，故倡導一種由宗杲創立的「看話禪」。他又根據時下禪風「唯心淨土，自性彌陀」旨趣，主張禪、淨同修。元來禪師的特點是禪淨合一、教禪一致。他認為，禪淨本來一致，無所區別，所謂「禪、淨本無二也，而機自二」。所以無論從哪一門深入，都可達到目的：「禪淨二門，非別立標幟，求一門深

入者，似不得不二也。如會通之說，亦
權語耳。杲發明大理，不妨念佛。」他
鼓勵禪僧念佛，以往生淨土。又認為，
教、禪各有所尚，若片面理解，便以
為它們各有所偏、所缺，然而如果把握
了「宗（禪）、教（天台、華嚴、唯
識等）之道合一之旨」，則「一言一字
皆最上之機」（《無異元來禪師廣錄》
卷二十一）。元賢則初習程、朱之學，
出家後，先學臨濟，後學曹洞。他不僅
提倡佛教內部的融合，而且也主張儒、
釋、道三教的合一。佛教內部，他認
為，「門風之別，所宗有五，其實皆一
道。故真知臨濟者，絕不非曹洞；真知
曹洞者，絕不非臨濟」。進而認為，禪
與教、律、淨土都無差別，「本是一
源」（《續噄言》）。他的《淨慈要
語》說：「禪、淨二門，應機不同，而
功用無別」，「參禪要悟自心，念佛亦
是要悟自心。入門雖異，到家是同。」
又說：「求其修持最易，入道最穩，收
功最速者，則莫如淨土一門。」實際上他
最終也是以淨土為歸宿。三教關係，元賢
認為，教雖分三，但理只有一個，所謂
「理一而教不得不分，教分而理未嘗不
一」。這是他在吸收宋明理學最高範疇
「理」的基礎上，從本體論高度把三教加
以融會統一。在他看來，世界上一切都歸
於本體「理一」；「教既分三，強同之者
妄也；理實唯一，強異之者迷也。……蓋
理外無教，故教必歸理」。這一思想顯然
受了理學家們「理一分殊」說的啟發。它
已不是宋代佛教三教合一論的同義反覆，
而是具有了新的社會背景和思想條件。

明太祖朱元璋曾令分天下寺院為禪、
講、教三類，嚴格要求各類寺僧分別專
業，不得混濫，便於管理，防止滋事生

非。他又採取種種措施，割斷佛教與世俗
的聯繫，限制寺院經濟，試圖使之自生自
滅。明成祖因以禪僧道衍（姚廣孝）主
謀，發動「靖難之變」，奪取帝位，對佛
教似有所偏護，但他也反覆申述以儒家為
治國之本，以理學為基本指導思想。明代
佛教實無再圖發展的力量，只有維持生存
的可能，所以禪宗也只有在提倡和實踐內
外融合上作種種努力，與宋代禪宗相比，
顯得「江河日下」。

◀ 明代德化窯觀音像。
▲ 姚廣孝，法名道衍，明代僧人。他是明成祖朱棣的重要
謀士，輔佐時為燕王的朱棣發動靖難之變，登上皇位。

明末「四大高僧」與禪宗關係如何？

明朝神宗萬曆時期，佛教界出現四名重要僧侶，被後人號為「四大高僧」。他們是雲棲袾宏、紫伯真可、憨山德清、藕益智旭。「四大高僧」主張佛教內部的調和融合，提倡淨土歸向。他們的思想反映了明末佛教的基本面貌。

雲棲袾宏，別號蓮池，俗姓沈，杭州人。因數年之內，連遭父母去世、亡妻失子的刺激，便看破紅塵，於三十二歲時出家，晚年長住杭州雲棲寺。弟子數以千計，名公巨卿也「傾心事之」。袾宏對華嚴和禪學都有很深的造詣，但歸趣卻在淨土，提出佛教內部融合的主張，並身體力行付諸實踐。他自謂「主以淨土，而冬專坐禪，餘兼講誦」。他認為，「參禪者借口教外別傳，不知離教而參是邪因也，離教而悟是邪解也」。所以，「學佛者必以三藏十二部為模楷」（《竹窗隨筆・經教》）。這就是說，教、禪應該是統一的，學禪必須以經論為依據，否則難以實現真正的悟解。這一觀點與唐末五代禪宗的觀點絕然相反，而且也與宋代的文字禪相去甚遠。袾宏出家後，曾經歷了很長時期的禪僧生活，對參禪之道有自己的見解。他認為，佛教衰落的主要原因在於禪法墮落和戒律鬆弛。他所說的禪法墮落，是指機鋒應用和公案氾濫。他進而認為，念佛乃是求得解脫的最好方式，說：「若人持律，律是佛制，正好念佛；若人看經，經是佛說，正好念佛；若人參禪，禪是佛心，正好念佛」（《雲棲遺稿・普勸念佛往生淨土》）。

紫伯真可，字達觀，俗姓沈，江蘇吳江人。十七歲辭親遠遊，欲立功於塞上。但行至蘇州，夜宿虎丘雲巖寺，遇寺僧明覺，受他啟發而出家。曾研習唯識、華嚴學說，又從禪門諸師參學。面對當時佛教頹敗之狀，他誓志復興禪宗。在禪學上，他表達了與袾宏一致的觀點，認為文字經教是禪僧得悟的先決條件，不通文字般若便不能契會實相。他也主張佛教內部各宗派的調和，「不以宗壓教，不以性廢相，不以賢首廢天台」（顧仲恭《跋紫伯尊者全集》）。

憨山德清，字澄印，俗姓蔡，安徽全椒人。少年時在寺院攻讀儒書，十九歲往金陵棲霞山披剃出家。初從無極學華

嚴，繼從法會學禪，又曾遊學聽講天台、唯識。法會禪、淨兼修且通達華嚴，對德清影響最深。所以德清雖為臨濟宗下禪僧，但他的思想也是提倡禪教一致，反對因禪宗而非教門，說：「佛祖一心，教禪一致。宗門教外別傳，非離心外，別有一法可傳，只是要人離卻語言文字，單悟言外之旨耳。今禪宗人，動即呵教，不知教詮一心，乃禪之本也。」（《憨山大師夢遊全集》卷六）同時，他也主張禪淨雙修，認為，「念佛即是參禪，參禪乃生淨土」，百千法門「其最要者，為參禪、念佛而已」（同上，卷九）。既參禪，又念佛，是最為「穩當法門」。

　　藕益智旭，別號「八不道人」，俗姓鐘，江蘇吳縣木瀆人。少習儒書，曾著《闢佛論》，後讀袾宏《自知錄》及《竹窗隨筆》，乃決意信佛。二四歲從德清弟子雪嶺剃度出家。開始因見當時禪宗流弊甚深，決意弘傳律學。其後又修習包括禪宗在內的其他各宗。智旭名義上是天台宗人，但聲稱要以袾宏、真可、德清為榜樣，調和禪教、性相，歸極淨土。他認為，參禪者必須學習經典，以教理為指導，「離棄教而參禪，不可能得道」（《靈峰宗論》卷二）。禪與教不可分離，應該兼重：「宗者無言之教，教者有言之宗，至言也。三藏十二部，默契之，皆宗也；既無言矣，安得謂之教？千七百公案，舉揚之，皆教也；既有言矣，安得謂之宗？」（《靈峰宗論》卷四）

◀ 牙白釉何朝宗達摩瓷立像，達摩光頭長耳，雙眉緊鎖，口角含笑，雙手合抱藏於袖中，眼瞼低垂，向下俯視著洶湧的海水。人物脊背處有「何朝宗制」四字陰紋印。

▲ 北京法海寺明代壁畫《禮佛護法圖》。法海寺壁畫是中國現存元代以來由宮廷畫師所作為數極少的精美壁畫之一，該畫由帝后、天龍八部和眾鬼神組成浩浩蕩蕩的禮佛護法行列，服飾華麗，儀表莊重，色澤艷麗。

袁中郎的禪學修養如何？

袁宏道，字中郎，與兄伯修（宗道）、弟小修（中道）在文學上反對復古、抒寫性靈，時人稱之為「公安派」（他們是湖北公安人），在中國古代文學史上佔有一席之地。袁中郎兄弟三人禪學修養很深，他們的文風很大程度上得益於禪學修養。

袁中郎生活的時代，是明末「四大高僧」「中興」佛教的時代，也是泰州學派傳人李贄、管志道、潘士藻、陶望齡、焦竑諸學者活躍的時代。袁中郎受他們的熏陶，於禪學深有所好，決非偶然。禪僧紫伯真可在當時思想界與李贄並稱為「兩大教主」，他廣交文人士大夫，與袁中郎堪稱至交。李贄與禪學關係甚深，可謂禪宗思想的狂熱信徒，曾住寺院二十年參禪學佛，中郎一生以弟子禮事他，受他影響最深。泰州學派傳人多與佛教結下不解之緣，既談儒、又說禪，依違於二者之間，中郎與他們或居朋友之位或處師友之間，自然互相激發，於禪學大有裨益。

袁中郎曾登過科第，做過縣令，因見人世污濁，不屑與一般俗吏為伍，便產生消極頹唐思想，乃捨去官位，與其兄伯修閱讀內典，在禪學上狠下功夫。在得到李贄印可

後，中郎更欲有所建樹，便於城中置地三百畝，中間築長堤數條，四周植垂柳萬株，號曰「柳浪」。從此朝夕參究，不問世事。後來雖又幾度不得已而就官，但都以種種理由竭力辭去。

袁中郎的禪學修養究竟如何？據他自己說：「僕自知詩文一字不通，唯禪宗一事，不敢多讓。當今勁敵，唯李宏甫（贄）先生一人。其他精煉衲子、久參禪伯，敗於中郎之手者，往往而是。」（《與張幼于書》）其自負得意之情躍然紙上。試看他對禪的認識：「禪者，定也，又禪代不息之義，如春之禪而為秋，晝之禪而為夜，是也。既謂之禪，則遷流無已，變幻不常，安有定轍？而學禪又安有定法可守哉？且夫禪固不必退也，然亦何必於進？」「夫進退，事也；非進退，理也。即進退，非進退，事理無礙也；進不礙退，退不礙進，事事無礙也。」（《與曹魯川書》）這是建立在華嚴「圓融無礙」學說背景上的禪學，大意是說參禪不必拘泥於形跡，當有自己獨創之見。以此出發，他反對當時一般禪者或把坐禪看作工夫，或終日在話頭上琢磨，或用似是而非的機鋒驚駭世人的做法。他提出：「世豈

有參得明白的禪？若禪可參得明白，則現今目視耳聽，髮豎眉橫，皆可參得明白矣。須知髮不以不參而不豎，眉不以不參而不橫，則禪不以不參而不明，明矣。」（《答陶石簣編修》）這確實可說是一種獨到見解。他又以為，禪宗歷來以慧能「本來無一物」與神秀「時時勤拂拭」之差別而分頓漸、優劣，這實在是「下劣凡夫之見」。這也是不苟同於時俗的看法。此外，他也不滿於時下儒禪相濫的現象，認為近代之禪所以有此弊端，始則王陽明以儒濫禪，後則士大夫以禪濫儒，其結果「不獨禪不成禪，而儒也不成儒」。

　　儘管袁中郎對禪學十分自負，但他的禪也並不純粹，處處透露出文人士大夫的生活情趣和思想感情。其兄伯修對此看得十分清楚，說：「石頭居士（中郎）少志參禪，根性猛利，十年之內，洞有所入，機鋒迅利，語言圓轉，自謂了悟，無所事事。雖世情減少，不入塵勞，然嘲風弄月，登山玩水，流連文酒之場，沉酣騷雅之業，懶慢疏狂，未免縱意。如前之病，未能全脫。」（序《西方合論》）在中郎內心深處，充滿著深刻矛盾。對於時事的日非，雖深懷憂憤，卻也無可奈何；雖一意於參禪學佛，卻又不願放棄世俗的生活。儒佛的結合，使中郎思想表現出強烈的個人主義色彩。一方面他反對儒禪混濫，另一方面他所實踐的正是儒禪的融合。如此而欲求得解脫，又怎麼有可能呢？

◀ 明代徐賁《峰下醉吟圖》，描繪的是一處幽靜的山水勝景。該畫筆墨潤雅，山石作披麻皴，皴擦並用，亭台、茅舍用線橫直、長短富於變化。畫上題識「蜀山徐賁為易道禪師寫贈」，並題七言古詩一首：「蓮花峰下簡禪師，半醉狂吟索賦詩，榻上諸僧禪定後，水邊高閣莫鐘時，不堪雨柳縈春夢，且看書燈照夜棋。苦羨雲棲松上鶴，吾生漂泊竟何之。」

▶ 明代周天球所書般若波羅蜜多心經。

「陽明禪」的內涵是什麼？

儒家心學集大成者、明代學者王陽明在著作中，大量潛引禪宗教義，乃至直接援用禪語。陽明學的核心「致良知」學說與禪宗「頓悟」思想有著千絲萬縷的聯繫。「致知」二字本來出自《大學》，但王陽明把它禪學化，稱作「聖教的正法眼藏」、「學者究竟的話頭」。

王陽明曾有過一段漫長的參禪經歷，他自己承認：「吾亦自幼篤志二氏（佛道），自謂既有所得，謂儒者為不足學。其後居夷三載，見得聖人之學若是其簡易廣大，始自歎悔錯用了三十年氣力。大抵二氏之學，其妙與聖人只有毫釐之間。」（《傳習錄》）王陽明一生為官所到之處，遍求佛刹，遍訪禪師。他在對弟子們的教學中，曾「令看《六祖壇經》，會其本來無物，不思善，不思惡，見本來面目，為直超上乘，以為合於良知之至極」（黃綰《明道編》卷一）。他的同時代人陳建在《學蔀通辨》中認為，「陽明一生講學，只是尊信達摩、慧能，只是欲合三教為一，無他伎倆」；「陽明於禪學卷舒運用熟矣。朱子嘗謂陸子靜卻成一部禪，愚謂陽明亦一部禪矣」。這就直接揭示出王陽明哲學與禪學的內在聯繫。事實上，當時學者中已有人直呼其學說為「陽明禪」了。作為陽明後學的劉宗周說：「古之為儒者孔孟而已矣，一傳而為程朱，再傳為陽明子。人或以為近乎禪，即古之為佛者釋迦而已矣，一變而為五宗禪，再變而為陽明禪。」（《劉子全書》卷一九）

王陽明認為，「良知人人皆有」，致良知便可以作聖成賢，是故「滿街都是

聖人」。這與禪宗「見性成佛」主張如出一轍；「良知」實際成為「佛性」、「如來藏」的代名詞。真如佛性既然可於一念悟時見得，般若菩提可於一念覺時證得，則良知也可於剎那間致得，這可謂「靈丹一粒，點鐵成金」。陽明學另一重要內容「知行合一」說，在很大程度上得力於禪宗「定慧雙修」的思想。而他的著名的「四句教」則具有禪宗頓悟與漸修不悖的旨趣。王陽明承認，他的「心即理」說「如佛家說心印相似」，是心學區別於其他理學派別的基本標誌。

嚴格意義上說，王陽明學說仍然是一種入世的哲學，而不是出世的禪學，「陽明禪」這一概念應該予以特定的內涵。王陽明的人生態度是積極入世的，這就決定了他與禪宗消極出世的宗教神學之間的矛盾。尤其當他正式踏上政治舞台、實踐他「成聖作賢」這一人生抱負之日起，他更明確地意識到佛教與儒家傳統倫理觀念的距離。佛教的出世哲學難以為現實所用，它與「修齊治平」的聖人境界相去甚遠。他又認為，佛教逃避現實的個體心性修養實在是自私心理的反映，目的「只是成就他一個私己的心」。這也與他重視世上磨練，重建君臣父子倫常原則的理想難以吻合。正因為禪學與王陽明的人生理想、政治抱負缺乏統一的基礎，所以他一再批評和反對禪學。

但是，禪學的心性論畢竟對陽明學的建立有重要意義。為了使禪學符合「聖道」，有必要對它進行一番加工改造，使它為入世的哲學服務。王陽明說：「使其未嘗外人倫、遺事物，而專以存心養性為事，則固聖門精一之學也，而可謂之禪乎哉！」（《重修山陰縣學記》）這就是說，只要堅持人倫、修齊治平等基本原則，吸取禪學的心性之說，可以造成一種更為有效的學說。這樣的「陽明禪」，是典型的援禪入儒的學說，它不僅帶有禪的印跡，而且有濃厚的宗教色彩（禁慾主義、靜坐、修養），但在本質上它仍然是入世的為現實所用的哲學，因而稱之為「陽明心學」更為適宜。有這樣一個真實故事：在西湖畔一座寺院內，有一名三年不語不視的禪者，一天，王陽明對他喝道：「這和尚終日口巴巴說甚麼？終日眼睜睜看甚麼？」和尚猛然驚醒。王陽明問他家中還有誰在？答道還有老母在。又問：「起念否？」答：「不能不起。」於是，王陽明「即指愛親本性諭之，僧涕泣謝。明日問之，僧已去矣」（《年譜》，三十一歲）。他就是這樣用禪宗的機鋒來宣揚儒家的倫理觀念的。至於在對弟子講學中，徵引禪宗故事、模仿禪師動作之類，更屢見不鮮。

◀ 湖南嶽麓書院，明代中後期，繼朱熹講學三百年後，嶽麓書院再度復興，王陽明與東林學派曾在此講學、交流。

▲ 王陽明（一四七二～一五二八年），字伯安，浙江餘姚人，明代大儒。嘉靖七年死於江西南安，享年五七歲，諡號文成。

緣何有清世祖「逃禪」之說？

清世祖順治帝在他短暫的一生中，與佛教禪宗結下不解之緣。順治之終，或說是「崩」，或說是「逃禪」，成為清初一大疑案。

清順治十四年（一六五七年），清世祖順治帝召京師海會寺禪僧憨璞性聰入禁庭說法，賜號「明覺禪師」。順治十五年、十七年，又先後召禪僧玉林通琇入京說法，於內庭問道，賜號「大覺普濟禪師」，並賜紫衣、金印。順治十六年，又召禪僧木陳道忞入京，頻頻致問，賜號「弘覺禪師」。清人昭槤《嘯亭雜錄》記世祖善論禪機事云：「章皇帝沖齡踐祚，博覽書史，無不貫通，其於禪語，尤為闡悟。嘗召玉林、木陳二和尚入京，命駐萬善殿。機務之暇，時相過訪，與二師談論禪機，皆徹通大乘。」通琇弟子茆溪行森和道忞弟子旅庵本月、山曉本晰也相繼入京傳授禪法。通琇後來再次入京，世祖命他選僧千五百人從之受戒，尊為「國師」，通琇則為世祖取法名「行癡」。世祖凡請禪師說戒之類的御札，都自稱「弟

子某某」，即其璽書也有「癡道人」之稱；凡師弟子、均以「法兄」、「師兄」相稱。

逃禪之說，見於《清朝野史大觀》等書記載，並以吳梅村《清涼山贊》諸詩為證。主要是指世祖在其愛妃董氏死後入五台山（也有人說是京西天台寺）出家一事。據說，清聖祖（康熙）在位六十一年，曾五次行幸五台山，曾駐蹕菩薩頂，與吳梅村詩所謂「預從最高峰，灑掃七佛壇」吻合，而吳詩中所謂「中坐一天人，吐氣如旃檀；寄語漢皇帝，何苦留人間」，則示意聖祖已與世祖會晤。此外，世祖在世時也曾說過：「朕想前身的確是僧，今每到寺，見僧家明窗淨幾，輒低回不能去。」在佛教界廣泛流傳的《順治皇帝悟道偈》裡，有「吾本西方一衲子，為何落在帝王家」兩句。這些也都帶有世祖爾後「逃禪」的暗示。

一般認為，世祖在董妃去世後，確曾有意於出家，並且也已落髮，最終因他人勸阻而出家未成。陳垣先生對此有精詳的考證。但董妃之死，對世祖精神上影響極大，距她去世不到半年，世祖也便「駕崩」。總之，世祖「逃禪」之說並非純係後人捏造，但也與事實大有出入。質言之，世祖一生好佛，因董妃去世，逃禪之說順理成章，但終究未付諸實行。

▼ 五台山全景。

圓明居士是誰？

清世宗雍正帝博通群書，深明禪學，常與禪僧往來，以禪門宗匠自居，自號「圓明居士」。

雍正帝的禪學修養突出反映在他的一九卷《御選語錄》及為這些語錄撰寫的二十幾篇序文中。他在《御制總序》中說：「如來正法眼藏，教外別傳，實有透三關之理。……朕既深明此事，不惜話墮，逐一指明。」這話實在是十分自負的。在他看來，佛教界已無一人能懂得禪學，倒是要由這位俗世之主來「逐一指明」了。但從雍正的立場說，他也有自己的理由：「朕膺元後父母之任，並非開堂秉拂之人；欲期民物之安，惟循周孔之軌。所以御極以來，十年未談禪宗，但念人天慧命，佛祖別傳，拼雙眉拖地以悟眾生，留無上金丹以起枯朽，豈得任彼邪魔瞎其正眼，鼓諸塗毒滅盡妙心？朕實有不得不言，不忍不言者。」這就是說，作為世俗的皇帝，不僅要根據儒家的學說來治理天下，而且也有十分的必要解釋佛教教義，使之與周孔之教一致。這裡帶有以儒為主，副之以釋，共治天下的意思。

早在雍正未登基前，他已有了自己的「語錄」，名《和碩雍親王圓明居士語錄》，後來成為《御選語錄》的第二部分（卷十二）。他聲稱，當年的語錄，雖是「任性卷舒，隨緣出沒」，也未曾「遍閱群言」，但與祖師的語錄已「不約而暗符，無心而自合」。因有這等禪學修養，故理當「親履道場，宜宣大覺法王之正令」。實際上，如果我們仔細閱讀他的「語錄」，也只不過是歷代祖師語錄的翻版而已，並無更多新意。

雍正帝禪學也未擺脫時下盛行的禪淨一致觀點，以為「淨土法門，雖與禪宗似無交涉，但念佛何礙參禪？果其深達性海之禪人，淨業正可以兼修」。

為了表明對世間出世間所擁有的全部最高權力，雍正帝還親撰《御制揀魔辨異錄》（簡稱為《辨異錄》），直接出面干預禪宗內部天童圓悟與漢月法藏之爭。他明確站在圓悟一派立場上，對法藏一派嚴加撻伐。他聲稱，法藏及其門人弘忍，「實為空王之亂臣，密雲（圓悟）之賊子，世、出世間法並不可容者」。並發下諭旨，命削去法藏支派，永不許復入祖庭，如果有不服的，要以世法「從重治罪」。雍正在位期間，民間反清意識仍很強烈，法藏門下聚集了一批明末遺民，他們中的多數因懷故國之思而遁入空門。雍正拉攏一派而又打擊一派，顯而易見帶有更為實際的政治意圖。他所自譽的「深悉

禪宗之旨，洞知魔外之情」，為了「諸佛法眼，眾生慧命」而「辟妄揀異」，諸如此類動人言辭，只是殘酷的政治目的的借口，終究難以為僧俗大眾所信服。皇帝的淫威，雖然暫時彈壓了法藏一派，卻不能真正解決問題。為雍正帝始料所未及的是，在他死後，禪宗界對法藏給予了更高的評價，視之為「末法中龍象」、「天童之諍子」，法藏的《語錄》與他的《辨異錄》並行於世。

◀ 雍正草書對聯「竹影橫窗知月上，花香入戶覺春來」。
▼ 雍正行樂圖，此圖描繪雍正身著佛衣賞景的場面。

清初僧諍的主要內容是什麼？

明末清初，禪宗五家中唯有臨濟、曹洞尚存一息命脈，而臨濟又略勝於曹洞。在清初統治者有意挑動下，兩家之間以及臨濟宗內部展開了長期的派系之爭。爭論的內容頗為廣泛，影響深遠。

爭論的內容主要有以下幾點。

一為《五燈嚴統》之爭。該書為臨濟宗禪僧費隱通容所撰，內容基本出自《五燈會元》，但在傳法世繫上作了改動，即將早已定論的原青原行思下二傳天皇道悟以及雲門、法眼兩家移置於南嶽懷讓下傳承，從而引發爭論。此爭源於宋代臨濟宗覺范慧洪所著的《林間錄》，該書據所謂丘玄素所撰碑文，謂天皇道悟並非嗣法希遷，而是嗣法道一，故雲門、法眼兩家應屬南嶽一系。南宋以後，雲門漸衰，曹洞起而代之，原來臨濟、雲門之爭也便演化為臨濟、曹洞之爭。況且《嚴統》又將曹洞宗著名禪僧無明慧經、無異元來列於「未詳法嗣」之內，更激起曹洞宗人的反感，於是雙方幾乎出動全班人馬，爭執不下。這一爭論，客觀地說，純屬派系之爭，與教義無關。當然，禪宗界對派系歸屬如此重視，有它的特殊原因。

二為善權寺常住之爭。善權寺位於江蘇宜興境內，創建於南北朝蕭齊高帝建元年間，寺址據傳為祝英台故宅。唐武宗會昌中被廢，唐宣宗大中年間重建。宋代名廣教禪院，明代改名善權寺。清初曹洞宗禪僧百愚及其弟子智操為住持，對該寺有所開拓。「常住」指寺院及其所屬財物。先時臨濟宗禪僧幻有正傳的剃度師樂安的塔也在寺內，玉林通琇以保護祖塔為名，展開了奪取善權寺、排斥曹洞勢力的努力，從而爆發爭執。通琇當時已被順治

帝封為「國師」，成為名重朝野的禪門新貴，曹洞宗禪僧難以匹敵。不久，善權寺即為「豪有力者主之」，通琇不僅奪得善權寺，而且又憑借政治背景，取得天目、虞山、龍池等地的名剎。其後，他又令弟子白松行豐強佔善權寺側的陳家祠堂，陳氏被迫起而反抗，率眾焚燒了善權寺。縱觀通琇如此行徑，足見清代佛教的實況了。正如陳垣先生指出的，「所謂新朝國師者，固如是乎！以若所為，誠足以退人善根，阻人向上者也。」（《清初僧諍記》卷三）但對於清初統治者來說，禪宗內部的這種新舊勢力之爭無疑是有益而無害的。製造矛盾，利用矛盾，這是清初君主們對待佛教的共同策略。

三為圓悟與法藏之爭。臨濟宗下天童圓悟與漢月法藏名義上雖是師徒關係，但缺乏師徒情誼。法藏對圓悟並無心悅誠服之意，自謂於禪法之悟出於無師「自悟」，但為了列身於臨濟正宗，取得該宗繼承權，乃屈就於圓悟門下。圓悟因法藏名聲在外，故委以「首座」重任，並付以「源流」、拂杖，但內心已構嫌隙。這是後來兩人反目的根由。先是法藏著《五宗原》，發表自己不苟於時的禪學觀點。圓悟見後，隨即起而辟之。法藏弟子譚吉弘忍為扶持師說，繼而著《五宗救》。不久，法藏、弘忍相繼去世，圓悟又著《辟妄救略說》，對二人之說再次嚴厲批駁，並發洩心中怨恨，說：「漢月野狐精，

反謗老僧為一橛頭硬禪；譚
吉野狐精，反妄老僧於從上
來事，不無毫髮遺恨。」
《五宗原》認為，禪宗五家
各有宗旨，不當混濫，然
而，「比年以來，天下稱善
知識者，競以抹殺宗旨為真
悟，致令無賴之徒，無所關
制，妄以雞鳴狗盜為習，稱
王稱霸，無從勘驗，誠久假
而不歸」。這一思想有挽救
禪宗弊病，恢復固有特色的
意圖。法藏《自讚》也稱：
「七百年來臨濟，被人抹煞
無地；惟有者老禿奴，偏要
替他出氣；惹得天下野狐，
一齊見影嗥吠。」而在圓悟
看來，所謂「宗旨」，便是
「棒喝」之類，「人豈有五
宗之差別」、「豈可離人別
有宗旨？」意謂五家宗旨之
別已實無必要。這種觀點與
當時禪宗界的實際情況一
致。這場爭論最後在雍正帝
直接干預下告終，法藏一系
不僅被打入另冊，永不再入
祖庭，而且其著述被焚，其
子孫不許說法。

▶ 清代弘忍所繪松塹清泉圖。弘忍，明末
遺民，入清為僧。擅畫山水，簡約疏
曠，清幽冷峻。

明清禪宗史著述有哪些？

明清時期，禪宗史學者繼承了宋代「燈錄」撰寫的傳統，有不少新的「燈錄」問世。

這些著述是：明玄極撰於洪武年間（一三六八～一三九八年）的《續傳燈錄》三六卷；明文琇撰於永樂

十五年（一四一七年）的《增集續傳燈錄》六卷；明瞿汝稷撰於萬曆二十三年（一五九五年）的《水月齋指月錄》三十二卷；明淨柱撰於崇禎十七年（一六四四年）的《五燈會元續略》四卷；明通容撰於永曆四年（一六五〇年）的《五燈嚴統》二五卷；明元賢撰於永曆五年（一六五一年）的《繼燈錄》六卷；明朱時恩撰於崇禎四年（一六三一年）的《居士分燈錄》二卷；清通問撰於康熙五年（一六六六年）的《續燈存稿》十二卷；清性統撰於康熙三十年（一六九一年）的《繼燈正統》四十二卷；清超永撰於康熙三十二年（一六九三年）的《五燈全書》一、二十卷；清聶先撰的《續指月錄》二十卷；清通醉撰於康熙十一年（一六七二年）的《錦江禪燈》二十卷；清如純撰於康熙四十一年（一七〇二年）的《黔南會燈錄》八卷等。其中《續傳燈錄》、《增集續傳燈錄》及《繼燈錄》都屬於對宋代「五燈」的繼續。玄極不滿意於《五燈會元》之作，認為該書「其用心固善，然不能尊《景德傳燈（錄）》為不刊之典，復取而編入之，是為重複

矣」。於是他「斷自《景德傳燈》以後，肇於大鑑（慧能）下若干世汾陽（善）昭禪師，編聯至若干世某禪師而訖」。總計為十一世，人以千計，止於宋末元初。其後文琇又認為《續傳燈錄》成書太倉促，所收太略，為了彌補遺漏，故作《增集》。元賢之書則是對上述諸書的再次增補。這樣，元、明兩代的重要禪師，至此大致被收集完備。《五燈全書》為超永根據普濟的《會元》和清代海寬的《纘續》二書，「刪其繁蕪，增所未備」，費時約三十年而完成的燈錄之大成，共收載七千餘人。此書曾進呈御覽，頒內府梨版刊行，冠以御制序。

除了燈錄，有關禪宗史的著作還有：明如巹撰的《禪宗正脈》十卷；明黎眉等撰的《教外別傳》十六卷；明如巹撰的《緇門警訓》十卷；明淨善撰的《禪林寶訓》四卷；明袾宏撰的《禪關策進》一卷；清本晳撰的《宗門寶積錄》九十三卷；清紀蔭撰的《宗統編年》三十二卷；

清自心、性磊撰的《南宋元明禪林僧寶傳》十五卷；清心圓、火蓮撰的《　黑豆集》九卷等。這些著述體裁很不一致，內容各有所偏。

此外，明清時期也有不少禪僧語錄的專集。屬於臨濟宗的，如《笑巖集》四卷，是笑巖德寶的語錄集；《密雲悟禪師語錄》十三卷，道忞編，是天童圓悟的語錄集；《漢月藏禪師語錄》十六卷，弘儲編，是漢月法藏的語錄集；《普濟玉林國師語錄》十卷，是玉林通琇的語錄集；《九會語錄》、《百城北遊錄》、《弘覺忞禪師語錄》是木陳道忞的語錄集。曹洞宗禪師的語錄集有《無明慧經禪師語錄》四卷，《無異元來禪師廣錄》三十五卷，《永覺元賢禪師語錄》三十卷，《湛然圓澄禪師語錄》八卷等。這些語錄成為研究明清時期禪宗思想的重要材料。

◀ 福州湧泉寺千佛陶塔，塔上有佛像一千零七十八尊，燒制於北宋元豐五年（一〇八二年）。
▼ 福州鼓山湧泉寺山門。

《指月錄》是怎樣一部書？

　　《指月錄》，全稱《水月齋指月錄》，明代文人瞿汝稷所撰，全書三十二卷，是儒生談禪之作。

　　「指月」，是佛教常用的譬喻，以「指」喻言教，以「月」比佛法。此喻出自《楞伽經》卷二：「如人以手指月示人，彼人因指當應看月；若復觀指以為月體，此人豈唯亡失月輪，亦亡其指。」龍樹《大智度論》卷九也寫道：「如人以指指月，以示惑者。惑者視指而不視月，人語之言：『我以指指月，令汝知之，汝何以看指而不視月？』此亦如是：語為義指，語非義也。」意思是說，文字語言（「指」）是教人認識佛法（「月」）的

一種途徑，目的在領悟佛教的精神；如果拘泥或執著於名相言教，並以此為佛法本身，那就永遠達不到目的。禪宗成立後，便借此思想大力發揮它「不立文字、教外別傳」的教義。

　　瞿汝稷是明儒管志道（東溟）的學生，管志道提倡儒佛調和統一，使「儒不礙釋、釋不礙儒」，「儒不濫釋，釋不濫儒」。瞿汝稷受師教影響，對佛教特有所好，乃撰《指月錄》。

　　《指月錄》內容，記錄了從過去七佛

到大慧宗杲禪宗傳承法系六百五十人的言行，卷一至卷三記過去七佛、應化聖賢、西天祖師（西天二十八祖）；卷四述東土六祖，從菩提達摩到慧能；卷五至卷三十述慧能下第一世至第十六世；卷三十一、三十二為大慧宗杲禪師語錄。

《指月錄》是儒者談禪之作。它不只是禪宗傳法歷史的記述，而且兼有使人因此書而見道的意思，因為一切言教無非為入道而設的方便，如以指指月，使人因指而見月。它既是燈錄的一種，但又不完全同於燈錄。對於世人來說，它無論在材料的編排裁剪上或是在文字語言的運用上，都有較大的吸引力，成為一部頗合口味的禪學讀本。實際上，該書之作主要對象也是非出家信徒，尤其是普通知識階層。因此，《指月錄》一書始終在社會上廣泛流傳，至今仍受僧俗一般讀者的歡迎。但由於它是對過去燈錄資料的加工整理，故若要把它作為學術研究的材料使用，則是不很適宜的。

因《指月錄》只錄述到慧能下第十六世，所以清代聶先（號樂讀）繼之，撰成《續指月錄》。內容自宋孝宗隆興二年（一一六四年）六祖下第一七世起，迄清聖祖康熙十八年（一六七九年）第三十八世止。《指月錄》雖錄述止於十六世，但實於十六世臨濟、曹洞、雲門諸宗尚有遺漏，故《續指月錄》盡力收集有關機緣句語，另成《瞿錄補遺》一卷，置於卷首。又自南宋後凡未能表明師承者，別列《尊宿集》一卷，置於卷末。全書共二十卷。

◀ 江蘇鎮江金山寺觀音閣。金山寺始建於東晉，南朝梁天監四年（五〇五年），梁武帝蕭衍始在此設水陸道場。

▲ 江蘇鎮江金山寺山門。

何謂「叢林」？

「叢林」又名「禪林」，因為它通常指禪宗寺院而言。但是後來教、律各宗寺院也有仿照禪林制度而稱叢林的。叢林，取喻於僧眾和合一處，如大樹叢聚；或取喻於草木生長齊整，以示其中有規矩法度。

禪宗成立初期，僧眾多巖居穴處，或寄住律寺，爾後因徒眾日多，便往往聚於一處修禪問道。百丈懷海見這種形式不合傳統禮法制度，尊卑難分，對說法住持等多有不便，於是結合儒家倫理觀念，別立禪居。這就是叢林的最初形態。

隨著禪宗的繁盛，至唐末五代時，叢林規模不斷擴大，大型禪院開始形成。入宋後，叢林建置日趨完備，禪僧也以集中居住為常，在著名禪師住持的叢林，往往聚集著數以百計的僧眾。南宋時期，佛教重心繼續南移，江南禪宗名僧所居叢林其住眾常達千人以上（如圓悟克勤所住的江西雲居寺，大慧宗杲所住的浙江徑山，天童正覺所住的泗州普照寺和明州天童寺，長蘆清了所住的真州長蘆崇福寺等）。

叢林制度，最初只建方丈、法堂、僧堂、寮舍。方丈為住持所居之室（取維摩詰菩薩所住臥室僅一丈見方而容量無限之意）；法堂為演說佛法之所；僧堂即禪堂，為禪僧晝夜參禪行道之處；寮舍置十務（十職），分司各事。《百丈清規》所立「十務」，主要管理全寺勞作事務。隨著禪院經濟的改善和禪僧生活的變化，叢林職能也在改變，在宋代《禪院清規》後，「十務」之職大體固定下來，它們是指：監院（主管寺院經濟）、維那（主管人事、和合僧眾）、典座（主管食宿）、直歲（主管土木建設）等「四知事」；首座（禪僧中德業最高者）、書狀（主管文書）、藏主（主管佛經典籍）、知客（主管接待來訪）、浴主（主管洗浴）、庫頭（主管財物庫藏）等「六頭首」。由於後來叢林組織的日趨龐大，各寺家風各有所尚，住持往往因時制宜，自立職事，乃至叢林職事名目層出不窮，等級區分更趨明顯，宗法色彩更為濃厚。這是禪宗進一步世俗化、與社會現象適應的結果。

佛教寺院內，住持身為一寺之主，各以其所秉承的宗派教義傳授學人，故初期寺院尚無嚴格的宗派繼承問題。唐末以後，由禪宗衣缽相傳的習慣所決定，寺院的住持漸有世代的標稱（曹洞宗天童正覺為天童寺第十六世住持）。但是，那時寺院特點大體仍然根據先後住持所秉承宗派的不同而時有變更，住持所秉承的宗派與寺院的世代沒有聯繫。元、明之後，天下寺院被分為禪、教、律三類，令各守其業，不得變易，宗派與寺院的關係乃逐漸趨向固定。近代叢林，以其住持傳承的方式不同，分為「十方」和「子孫」兩類。十方住持院屬於公請各方著名禪師任住持（透過選舉）的禪院，又名十方叢林。子孫住持院的住持是一種師資相承的世襲制，又名甲乙徒弟院。子孫住持院經本寺禪眾同意，可改為十方；十方住持院原則上不許改為子孫住持院。一般地說，寺院不許買賣，但是子孫住持院經雙方同意，（實際上）可以作有代價的轉讓。為了控制非本宗派叢林，或為了取得住持之職，歷史上（直至近代）叢林紛爭時有發生。

◀ 峨眉山萬年寺普賢乘象銅像。銅像通高七‧四公尺，普賢菩薩身披袈裟，胸前袒露並飾有瓔珞，頭帶雙層金冠，神情端莊慈祥。

近代叢林清規是何等面貌？

　　清規是叢林（禪宗寺院）組織的規則和禪僧行事的章程，自懷海制訂禪門《清規》後，歷代都曾為適合當時的實際需要而有所增益。明清以後，禪宗和淨土宗成為佛教的主要形式，叢林的清規實際上成為佛教寺院普遍參照遵循的規則。

　　近代叢林一方面依據通行本《百丈清規》（元德輝所編《敕修百丈清規》，計九章：一祝釐、二報恩、三報本、四尊祖、五住持、六兩序、七大眾、八節臘、九法器）有關規則行事，另一方面又對其中一些內容更作詳盡規定，確認細則，如對其主要部分第七章「大眾」行事部分專列《共住規約》，令叢林禪眾共同遵守執行。

　　近代叢林有關禪眾共同遵行的清規很多，篇幅所限，擇要介紹數項。

　　一是結夏和結冬。「結夏」源於印度佛教，古印度佛教僧侶在雨期三個月裡，為防止傷害草木幼蟲，被禁止外出乞食，而只能在寺內接受供養，禪坐修學，此名「夏安居」，又為「雨安居」。中國佛教繼承這一傳統，稱為「夏坐」或「坐夏」，開始階段名「結夏」，結束階段名「解夏」或「安居竟」。時間為陰曆四月十六日至

七月十五日。「結冬」則是仿照結夏制度集合江湖僧眾來專修禪法的，故稱為「江湖會」。這是中國佛教自己所創行的，時間為陰曆十月十六日至次年正月十五日。清代叢林曾一度只重視結冬而放棄結夏，但後來沒有堅持，故近代叢林仍都實行「冬參夏講」（即結冬期內重坐禪，結夏期內重講說）的清規。在結冬期內有一重要宗教活動，這就是通常所說的「打禪七」或「打七」。所謂「打禪七」，指延長坐禪時間，並以每七天為一期舉行禪會，從十七（一個七日）乃至十七（十個七日）不定，意在令禪僧於特定環境中加速領悟。

　　二是掛單。「掛單」亦名「掛錫」、「掛搭」。「單」指僧堂東西兩序（「兩序」又名「兩班」，叢林仿朝廷文武兩班，在住持下設東序、西序兩班。東序選精於世事者擔任，稱「知事」，西序選學德兼

修者擔任，稱「頭首」）的名單。「錫」指錫杖，杖高與眉齊，頭有錫環，為僧侶法器之一。《祖庭事苑》載，「西城比丘，行必掛錫，有二十五威儀。凡至室中，不得著地，必掛於壁牙上。今僧所止住處，故云掛錫」。掛單或掛錫便是將衣缽或錫杖掛於東西兩序名單下的鉤上。禪僧因參禪之需，特重遊方（雲遊四方）。清規規定，凡衣缽、戒牒俱全的遊方僧（雲水僧、行腳僧）抵達某叢林，都可掛單，但因兩序尚未列名，只能暫住於雲水堂。待掛單日久，考察結束，便可進入禪堂，名為「安單」，與叢林成員（通稱「清眾」）一起結夏。

三是普請。「普請」即普遍邀約大眾參加勞作。唐代不少禪師提倡亦農亦禪的生活方式，凡耕作、摘茶等作務都以普請方式進行。宋以後禪僧應赴經懺之事逐漸盛行，叢林經濟另有途徑，普請之法實際只限於一些輕微勞動。近代佛教提倡革新，建立「人間佛教」，普請法又被重視起來。僧中有識見者提出，禪僧「願為農者就居山寺叢林，種植田園，開荒務農；願作工的就居城市寺院，就其性之所近，各執一種工作」。他們認識到，「生產化是僧徒各盡所能，生活自給，絕對避免土劣式的收租放債和買賣式迷信營業」；「做和尚，並不是一種職業，而也能參加勞動生產。對於社會經濟，關係最大」。所以近代叢林已將生產勞動列為佛事之一。無論是田地耕作，山林管理，墾荒植樹，乃至行醫救治，叢林都作出了自己的貢獻。

◀ 隋代石雕背光立佛。
▲ 武漢歸元寺藏經閣。

法堂和禪堂有何用途？

「法堂」，又名「講堂」，是演說佛法，皈戒集會之所。法堂之建，始於東晉道安。隋唐宗派佛教時，各宗都視法堂為寺院內僅次於佛殿的主要建築。禪堂，古稱僧堂或雲堂，也是禪宗叢林的主要建築。

禪僧懷海創立禪門《清規》，其中規定「不立佛殿，唯樹法堂，表佛祖親囑授當代為尊也」。這是把法堂置於禪寺最重要的地位。宋明以後禪宗寺院則逐漸有忽視法堂而重視佛殿的傾向。

法堂內一般設有佛像、法座、鐘鼓、罘罳法被或板屏等器具。法座又稱獅子座，於堂中設立高台，中置座椅，為禪師說法之座；座前設講台。法座之後置罘罳法被或板屏，或掛獅子圖以象徵佛的說法。「燈錄」中所提到的「上堂示眾」、「上堂」、「示眾」等，都是禪師於法堂向僧眾的說法開示。但這種開示具有很大的靈活性，與教派（天台、華嚴、唯識等）大師們的說法講經不可同日而語。

如南泉、普願的一則上堂開示：「師示眾云，『王老師（普願自謂）要賣身，阿誰要買？』一僧出云，『某甲買』。師云，『他不作貴價不作賤價，汝作麼生買？』僧無對。」（《景德錄》卷八）又如趙州從諗的一段說法：「上堂示眾，『……佛是煩惱，煩惱是佛』。時有僧問，『未審佛是誰家煩惱？』師云，『與一切人煩惱』。僧云，『如何免得？』師云，『用免作麼？』」（《景德錄》卷十）實際上，禪宗的法堂在一個時期內曾是師徒互相啟發、激揚禪法的重要場所。

據懷海所立《清規》稱，「衰所學眾，無多少，無高下，盡入僧堂中，依夏次安排。設長連床，……或以喬陳如、賓頭羅為聖僧，或以文殊師利、大迦葉為聖僧，隨宜不定。先時禪堂兼作齋堂，故多安賓頭羅像於其中。據傳賓頭羅為十六大阿羅漢之首，因故意顯示神通而受佛懲罰，不得入涅槃而留住世間，故仍須用飯。又傳道安注經論，疑有不合理處，夜夢賓頭羅勸他設食，願助他釋疑。於是道安專為賓頭羅立座，後來就成為定例。唐大曆四年（七六九年），不空奏請令置文殊師利像於賓頭羅之上。叢林發達以後，齋堂與禪堂開始分離，並且禪堂在西，齋堂在東也逐漸成為叢林定式。

◀江蘇蘇州寒山寺法堂。

近現代禪宗有哪些重要人物？

由於明清時期「融混佛教」政策的實行，使禪宗和淨土宗之間的界限此時已十分模糊。近代佛教寺院幾乎都是禪宗叢林，但禪僧又幾乎都離不開念佛拜佛。

太平天國時期，反對偶像崇拜，排斥佛教、道教，大量寺廟被太平軍毀壞，佛教遭受重大打擊。清末、民國初年，新思潮興起，佛教再次受到衝擊。由於上述原因，近現代佛教將重心轉移到佛學研究的興趣上，試圖透過佛學研究而「中興佛教」，而佛學研究的重心則向居士一側傾斜。就禪宗而言，在思想和實踐上有所建樹的禪師相繼出現。現擇要介紹幾位予當今佛教有影響的禪僧。

敬安，俗姓黃，字寄禪，湖南湘潭人。十七歲（一八六七年）時從湘陰法華寺東林和尚出家，後赴阿育王寺禮佛舍利，燃二指供養，遂稱「八指頭陀」。他生平以詩結交海內賢豪，留下不少詩篇，其中名句如「我雖學佛未忘世」，「國仇未報老僧羞」等，表現出愛國熱情，故被視為近代愛國詩僧。

應慈，俗姓余，名鐸，號振卿，別號華嚴座主，安徽歙縣人。二十四歲（一八九六年）於普陀山從明性和尚出家，赴寧波天童寺依寄禪受具足戒，得法於天寧寺冶開禪師，為臨濟法脈第四十二世。後至常熟興福寺協助月霞創辦華嚴大學，並往返於東南沿海城市講經弘法。

太虛，俗姓呂，本名淦森，法名唯心，浙江崇德（今並入桐鄉）人。十六歲（一九〇四年）出家，同年依寧波天童寺寄禪和尚受具足戒。寄禪死後，他提出進行教理革命、教制革命、教產革命的口號，鼓吹「佛教復興運動」，建立新的僧團制度。又提出「人生佛學」、「人間佛教」、「人間淨土」等多種新設想。一九四九年以後佛教界實行「農禪並重」，以「莊嚴國土，利樂有情」為己任，提倡「人間佛教」，多少受了太虛革新思想的影響。

圓瑛，俗姓吳，名宏悟，別號韜光，福建古田人。十八歲（一八九五年）於福州鼓山湧泉寺出家，從妙蓮和尚受具足戒。他屬於宗說並通、行解相應一類的禪僧。先後擔任寧波天童寺、福州雪峰寺、鼓山湧泉寺等叢林的住持。抗戰期間曾組織僧侶救護隊、難民收容所，並赴南洋募集經費援助抗戰。

虛雲，俗姓蕭，初名古巖，字德清，湖南湘鄉人。一八八三年至福州鼓山湧泉寺出家，從妙蓮和尚受戒。曾遍參金山、天童、天寧諸叢林。歷任鼓山湧泉寺、廣東南華寺、雲門寺等住持。晚年住持江西雲居山真如寺。其禪功和苦行為國內外佛教界所推重，是近現代中國禪宗代表人物之一。

禪宗對詩詞有過什麼影響？

受社會環境影響和禪宗思想熏陶，琴棋書畫與參禪悟道已成為文人士大夫生活的兩個側面。王維、孟浩然、柳宗元、白居易等詩人的作品表現出受禪熏陶的痕跡，許多詩歌抒發了一種無慾恬淡、脫欲出世、清閒幽居的感情。

禪與詩在唐以後互相影響，聯繫甚密。這兩者都需要內在的感受和體驗，都注重啟示和象喻，追求一種言外之意，強調一種幽遠的境界。明季知空和尚評陳佐才詩說：「今山僧與居士評詩，居士與山僧談禪，何耶？自古詩情半個禪，以詩為禪，以禪為詩，無可無不可也。」元好問《贈嵩山雋侍者學詩》中說：「詩為禪客添花錦，禪是詩家切玉刀。」騷人墨客透過參禪體驗，在他們的詩詞中表達禪理和禪趣，禪僧也經由與文人酬唱，述說他們對宇宙人生的理解。

王維的詩飽含了禪的意趣和境界。「行到水窮處，坐看雲起時」，表現的是隨遇而安，寄興自然，不起世慮的超然意境。這一意境出自禪宗「任性」、「無住」之旨。他的《鹿柴》一詩云：「空山不見人，但聞人語響；返景入深林，復照青苔上。」《鳥鳴澗》一詩云：「人閒桂花落，夜靜春山空；日出驚山鳥，時鳴深澗中。」也都描繪了難以言說的意境，這種意境只有透過禪的體驗才能加以表現，只有在人與大自然的水乳交融中才能獲得。與此類似，柳宗元《江雪》「千山鳥飛絕，萬徑人蹤滅；孤舟蓑笠翁，獨釣寒江雪」一詩也充滿了畫意。韋應物《滁州西澗》「獨憐幽草澗邊生，上有黃鸝深樹鳴；春潮帶雨晚來急，野渡無人舟自橫」。同

樣是幅極妙的寫意畫。它們雖然沒有直接談禪，但在筆墨之中或筆墨之外深寓禪意，意象豐富，境界高遠。此外，也有直接以禪入詩的，但往往反而缺乏意境的情趣。

士大夫們既不放棄世俗的物質享受，又要追求高雅、清幽的精神樂趣。透過參禪生活，豐富了詩詞的題材和意境，寄托了作者對世事變幻、人生苦痛的感受以及對理想生活的追求。蘇軾說：「暫借好詩消永夜，每逢佳處輒參禪。」在他看來，好詩應當與禪學聯繫在一起，其原因便是意境上相互溝通。他的《題西林壁》云：「橫看成嶺側成峰，遠近高低各不同；不識廬山真面目，只緣身在此山中。」這首詩把宇宙人生融為一體，耐人尋味，充分表現了作者對禪的深刻體驗。黃庭堅為首的江西詩派不用陳詞濫調，喜歡從佛經、語錄中尋覓典故，形成獨特風格。呂居仁曾說，黃詩之佳處就在「禪家所謂死蛇弄得活」，不是生硬搬運。南渡後，楊萬里、范成大、陸游、尤袤等所謂「中興四大詩人」，也都與禪有種種因緣。明代公安派中堅袁宏道主張抒寫性靈，「不拘格套，非從自己胸臆流出，不肯下筆」。他自稱對禪有獨特的見解，他的詩以描寫山林泉石為主，從中寄托禪的意境，表現得清新流暢。

◀ 明宋旭松壑雲泉圖，宋旭（一五二五～？），字石門，浙江嘉興人，後為僧，法名祖玄，又號天池發僧。該畫設色清淡，構圖空靈而不鬆散。挺松木橋，相映成趣。

▶ 魚籃觀音圖。觀世音菩薩是佛教諸神中在中國民間影響最大、信仰最眾的一尊菩薩。隨著佛教在中國的深入傳播，中國人塑造出了多種觀音法身。其中魚籃觀音是民間十分熟悉的一種觀音造像。

應該怎樣賞析禪詩？

禪僧重視內心自我解脫，從日常生活的細微事件中受到啟發，對大自然有一種特殊的親切感情。所以禪詩的主要對象是幽谷、山寺、寒松、古柏、白雲、明月，抒寫一種淡泊無為、寂寥閒適的思想感情。

自六朝以來，中國詩僧輩出，其中以唐宋兩代最為突出。唐宋禪宗發達，禪僧相聚於叢林，寓禪於詩，以詩喻禪，視此為一大樂事。有專集傳世的詩僧不下數十家，而載錄詩僧遺聞軼事、品題僧詩高下得失的，散見各家詩話、筆記。

寒山、拾得的詩被後人輯為《寒山子詩集》，在社會上廣泛流傳。寒山詩句「有人兮山徑，雲裳兮霞纓。秉芳兮欲寄，路漫兮難征。心惆悵兮狐疑，蹇獨立兮忠貞」，被世人譽為「雖使屈宋復生，不能過也」。

禪宗當時主要流傳於南方，故詩僧中多半為禪僧。詩僧皎然出身沒落世族，幼年出家，專心學詩，中年參謁各家禪師，得心地法門，具備門第、詩才、禪學三個條件，故得以與朝中卿相士大夫及地方長官交遊。《因話錄》說他工律詩，曾於舟中作古體詩十數篇求見韋應物，不料未得韋應物青睞。第二天，改寫舊制獻上，韋應物大加稱賞，對皎然說：「你為什麼揣摩老夫的喜好，而隱藏自己的長處？」皎然又曾上書包佶中丞，推薦越僧靈徹，內中云：「靈徹玄言道理，應接靡滯，風月之間，亦足以助君子之高興也。」這些都是不足取的。但皎然的詩名畢竟很大，有《杼山集》十卷。宋人葉夢得《石林詩話》中說：「唐詩僧，自中葉以後，其名字班班為當時所稱者甚多，然詩皆不傳，如『經來白馬寺，僧到赤烏年』數聯，僅見文士所錄而已。陵遲至貫休、齊己之徒，其詩雖存，然無足言者。中間惟皎然最為傑出，故其詩十卷獨全，亦無過其人者。」貫休七歲出家，唐天復中（九〇一

～九〇七年）投益州王建，王建賜號「禪月大師」，故其所存詩集十二卷名《禪月集》。齊己七歲時為寺院牧牛，用竹枝畫牛背為詩，常得好句，寺僧驚奇，勸令落髮為僧。他自謂愛樂山水，懶謁王侯，作詩云「未曾將一字，容易謁諸侯」。

宋代以後，文字禪興起，禪僧中舞文弄墨、以為禪與文字不可偏廢，當相得益彰。紫柏真可序《石門文字禪》云：「蓋禪如春也，文字則花也，而曰禪與文字有二乎哉？」故禪僧以偈示心得，以詩顯悟道，尋詩覓句成為時尚。各種《燈錄》、《語錄》以及《碧巖錄》、《從容錄》中所披示的偈、頌、歌、訣，廣義上說都是禪詩，有些偈頌的意境還並不低。如五祖法演有一偈極富情趣：「金鴨香消錦銹幃，笙歌叢裡醉扶歸。少年一段風流事，唯許佳人獨自知。」這是寫對禪的直覺體驗，悟道時的感受。《彥周詩話》更以為禪僧晦堂祖心「不住唐朝寺，間為宋地僧。生涯三事衲，故舊一枝籐。乞食隨緣過，逢山任意登。相逢莫相笑，不是嶺南人」一詩乃「道眼所了，非世間文士詩僧所能彷彿」。唐僧靈一《溪行紀事》詩云：「近夜山更碧，入林溪轉清。不知伏牛路，潭洞何縱橫。曲岸煙已合，平湖月未生。孤舟屢失道，但聽秋泉聲。」這一境界在另一禪僧德誠的《船居寓意》中表現得更為出色：「千尺絲綸直下垂，一波才動萬波隨。夜靜水寒魚不食，滿船空載月明歸。」如此詩句並不亞於王維、柳宗元的山水詩。後來黃庭堅將此詩改寫為長短句云：「一波才動萬波隨，蓑笠一鉤絲。金鱗正在深處，千尺也須垂。吞又吐，信還疑，上鉤遲。水寒江靜，滿目青山，載明月歸。」遠不如原詩簡潔、凝練。

但自宋代以降，文字禪發展的過程中，禪僧也有離經叛道、別出心裁之作，覺范惠洪可算代表。惠洪著有《林間錄》、《文字禪》、《冷齋夜話》等，其得意之句有「十分春瘦緣何事，一搦歸心未到家」。其贈女尼昧上人詩云：「未肯題紅葉，終期老翠微；余今倦行役，投杖夢煙扉。」故《漁隱叢話》指斥道：「忘情絕愛，瞿曇氏之所訓。惠洪身為衲子，詞句有『一枕思歸淚』及『十分春瘦』之語，豈其所當然？」王安石女直斥其為「浪子和尚」。類似「浪子和尚」不乏其人，逕山寺至慧禪師有詩云：「少年不肯戴儒冠，強把身心赴戒壇。雪夜孤眠雙足冷，霜天剃髮滿頭寒。朱樓美酒應無分，紅粉佳人不許看。死去定為惆悵鬼，西天依舊黑漫漫。」他終於告別佛門，回到了金錢美女的世俗生活中。

◀ 元趙孟頫雙松平遠圖。

禪宗如何影響繪畫藝術？

佛教禪宗對繪畫藝術的影響，不僅在於繪畫形式的改變，更主要的是創作思想的突破。縱觀唐宋以至明清畫壇，凡有相當名望者，無不深受禪宗思想熏陶，其作品無不滲透著禪意、禪境。今人欣賞歷代名畫，若沒有些許禪學知識，不易領略其中意境。

伴隨佛教傳入中國的，有各種文化藝術，繪畫即是其中之一。中國繪畫，在佛教尚未傳入之前，已具獨特風格，後來因受佛教影響而產生重大變化。魏晉南北朝至隋唐，佛教題材的繪畫佔有突出的重要地位。張彥遠《歷代名畫記》舉唐代「兩京外寺觀畫壁」有上都寺觀畫壁一百四十餘處，東都寺觀畫壁二十處，多出於名家之手，其中吳道子畫就有三十二處。內容多為佛經經變故事，淨土變相及佛、菩薩之像等。

王維家世信佛，入宦後，公事之餘常至寺院與高僧討論佛道。安史之亂後，他已無心世事，遂耽於禪悅，並將參禪領悟的意境引入詩畫，使詩畫風格發生重大變化。王維詩章，淡遠空靈，禪意禪趣每每流露於字裡行間。他的繪畫多山水之作，以氣韻為主，變鉤研之法為水墨渲淡，使超然空靈的襟懷與蕭疏清曠的山水融為一體。將畫意與禪心化為一爐。王維的濃淡墨色的山水畫開創了超然灑脫、高遠淡泊、以意境相尚的「南宗」畫風。蘇軾所謂觀摩詰之畫，「畫中有詩」，指的便是受禪學影響而融入畫中的意境。王維畫面中的雪景、劍閣、棧道、曉行、捕魚、雪渡、村墟等別有一番山野風趣。他曾作《袁安臥雪圖》，所畫雪芭蕉，與常見景物迥然不同。他受禪宗自然任運、不拘俗流思想的影響，所以他在繪畫上也能做到「得心應手，意到便成，造理入神，迥得真趣」。

王維的山水畫雖與傳統的佛教畫一樣受佛教的影響，但兩者的意義不可同日而語。王維的畫是在對禪宗思想領悟後的獨創，它取材於現實生活，抒發的是真實感情，其意義極為深遠。在王維之後，山水畫逐漸擺脫附屬的地位，發展為獨立的畫種。

得王維真傳的有張璪、王洽等人。張璪自謂其畫「外師造化，中得心源」，與禪宗心性之學有內在聯繫。所畫古松氣傲煙霞，勢凌風雨，隨意縱橫，應手間出；所畫山水則高低秀絕，咫尺深重，石尖欲落，泉噴如吼，純出自然，匠心獨運。論者評說其畫「非畫也，真道也。當其有事，已遣去機巧，意冥玄化，而物在靈府，不在耳目」。濃墨淡筆都從胸中流出，不加半分修飾，這無疑得益於禪家心性修養工夫。王洽，又名王墨，以善潑墨山水而名。王洽性多疏野，常優遊江湖之間，作畫每在醺酣之後，常以墨潑灑之。或笑或吟，腳蹴手抹，或揮或掃，或淡或濃，隨其形狀，為山為石，為雲為水，為煙為霞，為風為雨，應手隨意，倏若造化，俯觀則不見其墨污之跡，這可算是把禪宗活潑灑脫的風格運用到家了。

唐末、五代、宋初，是為禪宗全盛時期，也是山水畫「南宗」進入發展的時期。王世貞云：「山水至二李，一變也；荊、關、董、巨，又一變也。」荊浩博通

經史，因五代多亂而隱於太行山之洪谷，與禪僧野老往還。他工於山水，善為雲中山頂，四面峻厚，筆墨橫溢，號稱「唐末之冠」。鄴都青蓮寺僧大愚曾以詩向他乞畫。關全喜作秋山寒林，村居野渡，幽人逸士，漁市山驛，使見者悠然如在灞橋風雪中，三峽聞猿時，不復有朝市抗塵走俗之狀。《宣和畫譜》說他的畫「筆愈簡而氣愈壯，景愈少而意愈長」。如此超塵脫世、孤高獨步之作顯然也根源於畫家深刻的禪學意境。董源也善山水，尤工秋嵐遠景，溪橋漁浦，其畫平淡天真，自然而成。巨然是南唐江寧開元寺的和尚，其畫祖述董源，而臻於妙境，內中清淡雅逸之趣多得力於禪家心性之學。禪宗雖為宗教，但其精神影響繪畫藝術，使山水畫背離宗教威嚴的佛教畫而走向與大自然的結合。

明清時期畫論總結歷史，一致指出禪宗對繪畫藝術的重大影響。董其昌說：「行年五十，方知此派（北宗）畫殊不可學，譬之禪定，積劫方成菩薩，非如董、巨、米三家，可一超直入如來地也」。李白華云：「繪事不必求奇，不必循格，要在胸中實有吐出，便是矣。」石濤和尚更直接以禪僧口吻指出，作畫「在

於墨海中立定精神，筆鋒下決出生活，尺幅上換去毛骨，混沌裡放出光明」。禪宗興而繪道盛，禪宗衰而畫壇冷。明清禪林凋敝，畫壇也無突出名家，致使「大江南北，無出石（濤）師右者」。

▶ 明代吳彬涅槃圖，此圖描繪了佛陀入滅時的情景。人物眾多，神態各異。

胡適對禪學研究有過什麼貢獻？

胡適先生從一九二四年起撰寫《中國禪宗史》，隨即對中國初期禪宗的一些重要人物和事件發生濃厚興趣，做了許多考證工作。直至晚年，禪宗史的研究仍佔有重要位置；在他的學術著作中，有關禪學的佔有不少的份量。

一九二六年九月，胡適赴歐洲參加會議。他在巴黎國家圖書館發現了伯希和劫走的敦煌寫本三種神會的《語錄》，又在倫敦大英博物館發現了斯坦因掠去的敦煌寫本神會的《頓悟無生般若頌》。一九二七年回國途徑東京時，又從日本學者那裡得知大英博物館所藏的敦煌寫本《壇經》。後來，胡適把《神會語錄》和敦煌本《壇經》等加以整理、比較，在一九三○年出版了《神會和尚遺集》一書。他後來回憶這段歷史時說：「這一發現影響之大則非始料所及，因為它牽涉到要把禪宗史全部從頭改寫的問題。」

（《胡適的自傳・從整理國故到研究和尚》）這話雖有點危言聳聽，但胡適的發現對後來的研究確實產生過重要影響。

胡適去世前後，有關《壇經》作者、神會地位以及早期禪宗史一系列問題的討論已經深入展開，不僅國內學者，日本學者如宇井伯壽、鈴木大拙、柳田聖山、關口真大、入矢義高也紛紛發表自己看法。近年來，國內學者對《壇經》以及《神會語錄》研究的興趣日益廣泛。透過中外學者的一致努力，禪宗研究無疑已達到較高水平，並仍在向縱深發展。應該承認，這一繁榮局面，可溯源於胡適當年敦煌寫本資料的發現以及對它們的初步整理和研究。在這方面，他有首創之功。

胡適《神會和尚遺集》出版後，日本一些學者根據其中提供的線索，陸續又發現了一些資料。一九三二年，石井光雄發現敦煌寫本《神會和尚語錄》的一部分。一九三四年，鈴木貞太郎、公田連太郎參校胡適的版本，將石井光雄本予以校訂，付印出版。一九五七年，入矢義高在斯坦因收藏的敦煌卷子中發現另一份同樣的卷子，該卷子前有一短序，題為《南陽和尚問答雜征義》。這樣，《神會語錄》至今為止就有了三個敦煌寫本。

中外學者關於禪學問題的討論，幾乎無一例外地要涉及胡適的禪宗史資料、觀點。胡適本人也給近代學者留下不少引起爭議的禪學著述，如：《從譯本裡研究

佛教的禪法》、《論禪宗史的綱領》、《白居易時代的禪宗世系》、《禪學古史考》、《菩提達摩考》、《楞伽宗考》、《壇經考》、《中國禪學之發展》、《禪宗史的一個新看法》、《荷澤大師神會傳》等等。這些著述，從「懷疑」出發，以「考證」為手段，提出了很多難以為人所接受的武斷的結論。但不可否認，他的某些考證還是具有一定的學術價值，對後人的研究有某種啟發意義。如他透過考證認為，「我們剔除神話，考證史料，不能不承認達摩是一個歷史的人物，但他的事跡遠不如傳說的那麼重要」。他提出，在道宣時代「全無達摩見梁武帝的故事，也沒有折葦渡江一類的神話，可見當七世紀中葉，這些謬說還不曾起來」（《菩提達摩考》、《胡適文存三集》卷四）。在禪

宗史研究的某些具體問題上，胡適的觀點大部分是錯誤的，但也不排除他曾偶爾提出過比較符合實際的結論。胡適曾較早指出中國禪與印度禪的不同，認為只有到了慧能、道一時代，才可說真正形成中國禪。他認為禪宗的興起是佛教中國化的「一個很偉大的運動」。他從思想史的角度指出，中國傳統儒家的思想是入世的，是要講修齊治平的，與印度哲學的出世主義不同，所以「把佛教中國化，簡單化後，才有中國的理學」（《禪宗史的一個新看法》）。

◀ 胡適像。
▼ 甘肅敦煌莫高窟大般涅槃經第八如來性品第四之五，為六朝遺物，字體秀麗端莊，經文尾部殘缺。

鈴木大拙有哪些禪學著作？

　　鈴木大拙是東西方均為人所熟知的近代禪學大師。鈴木大拙在禪學上的一大貢獻，是給後世留下了整整三十一卷的《鈴木大拙全集》和十二卷《鈴木大拙選集》。

　　鈴木大拙一八七〇年出生於日本石川縣金澤市。一八八七年時曾與西田幾多郎同在一中學學習。一八九一年赴東京，入早稻田大學前身東京專門學校，同年初至圓覺寺入今北洪川之門，熱衷於參禪。次年，今北洪川去世，轉而師事釋宗演，繼續參禪。其間曾受西田幾多郎勸說而入東京帝國大學。一八九三年，美國芝加哥召開「世界宗教大會」，鈴木隨師赴美，擔任英譯。一八九七年應邀去美從事漢文典籍如《老子道德經》、《大乘起信論》等的英譯，並出版了《大乘佛教概論》（英文）一書。一九〇九年回國，任學習院大學教授、兼任東京帝大講師。一九二一年因其師釋宗演去世，停止參禪，離開學習院，任京都大谷大學教授，並在大學內設「東方佛教學會」，發行《東方佛教》

季刊，持續達二十年之久。一九三三年因《楞伽經研究》（英文）一書而獲文學博士學位。一九三六年出席倫敦世界信仰大會，會後在英國各大學講授「禪與日本文化」；同年秋，在美國各大學講授同一專題。一九五〇年至一九五八年，在美國各大學講授「禪與華嚴」課程。一九六六年去世。

　　鈴木大拙的主要著作有《禪學入門》、《禪與念佛心理學的基礎》、《神秘主義和禪》、《禪和日本文化》、《禪與生活》、《禪學隨筆》、《禪問答和悟》、《禪佛教論集》、《禪思想史研究》、《禪與精神分析》等等。鈴木晚年住鐮倉，創設松岡文庫，專事禪書、經典的英譯工作。他的禪學著作大部分以英文刊行，因而在西方世界頗有影響，《禪佛教論集》（第一卷）出版於

一九二七年，被視為禪宗傳入西方之始。

鈴木大拙既有深厚的禪學功底，又有日文、英文的文字語言能力，使他成為東方文化（大乘佛教，尤其是禪學）向西方世界介紹的傑出人物，在西方學人中獲有很高的聲望。鈴木善於用淺顯的英文句式將艱深難解的禪學通俗化，引導西方人士產生對禪學的興趣；他又以輕鬆風趣演說故事的手法，描繪禪學的精髓以及人生的底蘊，使不同文化背景的人也能理解和接受禪學。歐美近年來禪學的風行，與鈴木等東方學者的努力有著極其密切的必然聯繫。由於鈴木在這方面的貢獻，使他七十九歲時接受文化勳章，九十四歲時又榮獲泰戈爾獎。

應當指出，當鈴木二十一歲投師今北洪川之日起，他就決心獻身於佛教事業

了。數十年如一日的參禪生活，使他對禪有深刻的體驗、感受。作為一個虔誠的禪者，鈴木有一種發自內心的宗教信仰。因此，儘管鈴木的著作充滿對禪的心理機制的深刻分析，不乏出類拔萃的研究成果，但它們歸根結底是出自信仰者的內省思維，源於對禪宗宗教價值的熱誠肯定。換言之，鈴木基於自身對禪的先驗的執著態度，使他對禪的介紹和宣傳往往採取過於突出的方式，乃至將禪作為東方文化唯一的精髓加以頌揚，其結果，當然也很難使西方人士對東方文明有一個全面的、完整的認識。

◄ 中日佛教交流自古頻繁，圖為日本佛教信徒參拜江西普利寺曹洞宗祖師良价墓。

▼ 鈴木大拙（左三）與魯迅（左五）等人在上海合影。

日本禪宗有哪些宗派？

日本禪宗有臨濟宗、曹洞宗、黃檗宗三派。禪宗在日本成立較晚，直至鎌倉時代（一一九二～一三三三年），日本才正式建立起禪宗。入唐求學的日本人中雖不乏兼習禪學者，如道昭；也有唐僧赴日傳播禪法的，如義空等，但他們都未能形成宗派。

日僧榮西於南宋乾道四年（一一六八年）和淳熙十四年（一一八七年）兩次入宋，參學佛教。在天台山，他參萬年寺虛庵懷敞禪師，受傳臨濟宗心印；後懷敞移住天童，榮西繼續隨侍研學，於紹熙二年（一一九一年）得衣具印信。回國後傳佈禪宗，創立日本臨濟宗。

榮西的再傳弟子道元於嘉定十六年（一二二三年）入宋，歷訪天童山、徑山、天台山，得曹洞宗天童如淨禪師印可，受傳秘蘊及衣具頂相。回國後盛弘禪宗，創立日本曹洞宗。

日本南北朝及室町時代（一三三三～一六〇〇年），戰亂頻繁，社會動盪、民生困擾。日本佛教一些宗派開始由鎌倉時代的鼎盛而走向衰落，但禪宗臨濟宗和曹洞宗卻獲得了發展和興盛，其高僧得到幕府將軍和武士的尊敬、擁戴。

南北朝時代日本臨濟宗產生「夢窗國師」和「大燈國師」兩大高僧。夢窗號疏石，是宇多天皇的九世孫，出家後先在建仁寺隨無隱禪師參禪，後在萬壽寺從高峰禪師傳受心印。因他學問淵博，深得醍醐天皇敬仰，敕賜「國師」之號。大燈號妙超，字宗峰，年二十依佛國禪師出家，後入「大應國師」紹明門下得悟。大燈禪風以峻嚴著稱，曾受花園及後醍醐兩位天皇的皈依。當後醍醐天皇南遷吉野之後，大燈也就成為南朝國師，與北朝夢窗齊名。

除了已有的臨濟、曹洞兩宗外，日本禪宗在江戶時代（一七六〇～一八六八年）又有黃檗宗的創立。黃檗宗的創立者是中國明代禪僧隱元隆琦，他因受日本長崎興福寺禪僧逸然的再三邀請，於清順治十一年（一六五四年）抵達日本。在日本他受江戶德川幕府的皈依，在京都宇治建立黃檗山萬福寺，被奉為黃檗宗初祖。自黃檗宗形成之日起，便在日本佛教界引起重大反響。就連臨濟、曹洞兩派的禪僧也紛紛投入黃檗門下。

日本禪宗源於中國，是中國禪宗的延續和發展。日本禪宗各派的思想和風格基本上保持了中國禪宗的特徵。禪寺的構造、禪堂的設備，是中國禪院的複製；禪僧的平時生活、行住坐臥也模擬中國式樣；禪師的開堂示眾語錄雜有宋、明用語，參禪兼念佛、日常用漢語、誦經用漢音等成為黃檗宗清規的內容。黃檗宗所屬各寺，至今仍保持中國近代禪林風範。

明庵榮西對日本禪宗有何貢獻？

榮西，號明庵，又稱「千光國師」，日本備中（今岡山）吉備津人，是日本禪宗臨濟宗的創建者。

榮西自幼出家，在比睿山戒壇受戒。十九歲（一一五九年）從比睿山有辨法師修習天台宗教義，並從基好法師學習密教，又從顯意法師受密教灌頂。日本仁安三年（一一六八年），榮西乘船抵達中國明州（今寧波），後登天台山巡拜了靈聖古跡。當年，榮西攜帶天台宗章疏典籍三十餘部回國，後來日本密教的所謂「葉上派」即以榮西為祖師。日本文治三年（一一八七年），榮西再度入宋，在天台山拜謁萬年寺虛庵懷敞禪師。虛庵為臨濟宗黃龍派第八代嫡孫，在禪宗界具有很高聲望。虛庵後來遷住天童山，榮西跟隨奉侍。南宋紹熙二年（一一九一年），榮西返回日本。

榮西回國後，全力以赴宣傳臨濟禪法。先在築前（今福岡）建報恩寺，後在博多津創聖福寺，參禪者四方雲集。由於受到天台宗信徒的攻擊，他寫了《出家大綱》、《興禪護國論》予以答辯，從而名聲遠播。不久，榮西的臨濟禪得到鎌倉幕府的信奉和支持，將軍源賴家在京都立建仁寺，安置禪、真言、天台三宗。榮西融合三宗思想，形成日本臨濟宗。

日本臨濟宗在榮西去世後進入隆盛時期。榮西弟子有行勇、榮朝等。退耕行勇常住建仁寺和壽福寺，致力於榮西開創的事業；行勇弟子大歇了心依據中國禪宗規制，完成日本臨濟宗禮儀的建設。釋圓榮朝在得傳佛心印後辭別榮西，到關東弘布臨濟宗，

他在那裡的僧俗中享有很高聲譽。

南宋滅亡之時，中國禪僧紛紛避亂日本，使日本禪宗獲得迅速發展的機會，在佛教各宗中逐漸取得優勢地位。西元一二四六年，中國禪宗臨濟宗楊岐派禪師蘭溪道隆來到日本，受到日本僧俗的敬慕，前來歸依者眾多，對推動日本禪宗發展起了較大作用。道隆去世後，龜山天皇賜「大覺禪師」謚號。在他之後，又有大批中國著名禪師東渡，宣傳和推廣臨濟禪法，為禪宗在日本的迅速發展作出了重要貢獻。

▶ 浙江寧波阿育王寺舍利塔。

希玄道元如何創立日本曹洞宗？

　　希玄道元是日本禪宗曹洞宗的創立者。西元一二一二年，道元十三歲時剃髮出家，修學天台宗教義。後來道元往建仁寺拜謁榮西禪師，改習禪宗。榮西去世後，隨其弟子明全習禪。一二二三年，與明全作伴來到中國，入天童山師事曹洞宗第十三代祖如淨禪師，受曹洞宗禪法和法衣而歸。

　　回日本後，希玄道元開堂說法，四條天皇敕賜寺額號「興聖寶林禪寺」。後來道元在越前（今福井）建立永平寺，作為傳佈曹洞宗的根本道場。

　　道元禪師在中國接受的是曹洞宗的「默照禪」，所以他在日本宣揚的也是這一派的禪風，其坐禪要訣為「只管打坐」，其著作《普勸坐禪儀》等集中介紹如何靜坐默照、在靜坐中開悟。

　　道元禪師入室弟子有四人，其中以孤雲懷奘最為傑出。懷奘繼承道元禪法，在道元去世後繼續傳授曹洞禪法，其門下有徹通義介、寶慶寂圓等六人。義介也曾來過宋朝，親見當時寺院禮樂盛況，深為感動，回國後大力化緣募捐，致力於宗派的建設事業，永平寺的佛教禮樂儀軌在他一代時初具規模。義介門下有寒巖義尹和瑩山紹瑾兩大弟子。義尹是順德天皇第三子，曾兩次遊學中國，回國後在肥後（今熊本）創大慈寺，時人尊他為「法皇長老」。龜山法皇曾特授他紫衣袈裟，並賜大慈寺以御筆寺額。這一系統後來發展為「寒巖派」（或「大慈寺派」）。寂圓本是中國人，入日本後繼承懷奘禪法，在越前開創寶慶寺，熱情宣傳曹洞禪法，其弟子永平義雲繼之，這一派被稱為「寶慶寺派」。紹瑾繼承義介禪法，加強宗派的建設，制定一宗清規。曹洞宗在這時發展很快，皈依者日眾，由原來局限於北部地區而轉向日本全國傳播。

▼浙江天童寺大雄寶殿。

為何說白隱慧鶴是日本臨濟宗的「中興者」？

禪宗傳入日本後，與武士階層結合，成為武士的修行方法。禪宗的高僧得到幕府將軍和武士的敬仰。在這種局面下，禪宗依靠鎌倉幕府興起，又賴室町幕府而達全盛。

至江戶時代，禪宗走向衰落。室町時代所設立的「五山十剎」地位下降，一些寺院甚至無力推選出可以勝任的住持。江戶時代後期，擔負重振禪宗重任的便是白隱慧鶴。白隱勤奮參學，究明臨濟正宗，為師印可，時年二十九歲。白隱的得悟經歷了一個與中國禪僧類似的長期參學過程，這使他的禪學有比較堅實的基礎。此後他繼續雲遊，擴大聲望。享保元年（一七一六年），白隱慧鶴住松蔭寺，大力振興臨濟宗風。次年，他抵達京都，任妙心寺第一座，這時他的影響已遍及全國，四方學者競相前來掛錫。寶歷八年（一七五八年），僧俗二眾特為他創建龍澤寺，請為「開山第一祖」。白隱一生留下著作十餘部。

白隱法嗣有東嶺圓慈、遂翁元盧等三十餘人。東嶺繼承白隱家風，教化於僧俗之間；遂翁接替白隱住松蔭寺，致力於中興禪法，時有「微細東嶺，大器遂翁」之美稱。白隱弟子峨山門下人才濟濟，分化四方，各成流派，統稱之為「鵠林派」，近現代日本臨濟宗僧徒，大抵全屬這一派。為此，人們視白隱禪師為臨濟宗的「中興祖師」，並無誇張之意。

▶ 天童寺祖師殿。

隱元在日本禪宗史上地位如何？

江戶時代的日本，佛教處於停滯狀態，禪宗寺院的規制和風尚逐漸荒廢。隱元禪師的到來，打破了這一沉寂局面；他所創立的禪宗黃檗宗，成為日本佛教史上一大事件。

隱元，名隆琦，福建福清人。他曾在密雲圓悟指導下參究多年。明崇禎七年（一六三四年），隱元從費隱受臨濟正宗的印可。後來，隱元接受寺內眾僧之請，成為黃檗山住持。

清順治十一年（一六五四年），隱元率弟子二十餘人東渡日本，受到日本僧眾的隆重歡迎。日本禪宗曹洞宗的鐵心、獨本，臨濟宗的獨照等禪師相繼在他門下受教；僧俗男女頂禮膜拜絡繹不絕，極一時之盛。不到一年，隱元在日本的名聲就遠播千里，佛教徒稱他是「古佛西來」。

隱元對日本佛教的最大貢獻是創立了黃檗宗。一六五九年，以隱元禪師為開山祖的萬福寺正式建成。寺名與中國福建隱元所住的寺廟相同，故後人把福建的祖庭稱為「古黃檗」或「唐黃檗」，把日本的新寺稱為「新黃檗」。其後數年內，隱元又在這裡修建禪堂、方丈、竹林精舍等殿堂，並請來福建泉州工匠范道生雕塑了佛像、觀音像、十八羅漢像等，重現了中國禪林的面貌。隱元在日本的立宗傳禪活動，受到後水尾法皇的敬仰，多次予以饋贈，並在他去世後賜「大光普照國師」諡號。

▼ 日本奈良唐招提寺大殿。

歷史上中日禪僧的交往？

中日兩國佛教文化交流已有一千四百餘年的歷史，其中禪僧之間的交往成為兩國人民之間友好關係的重要歷史見證。

在西元六五〇～六五四年間，日本僧人道昭曾入唐從玄奘學法相（唯識）宗，後赴相州（今河南）隆化寺從慧滿學禪，回國後在元興寺開設禪院。唐開元二十四年（七三六年），中國禪僧道璿東渡日本，在大安寺傳授北宗禪。道璿的弟子行表繼承這一禪法，並傳給「傳教大師」最澄。最澄於延歷二十三年（唐貞元二十年，西元八〇四年）入唐，從天台山翛然受牛頭禪法，回國後在比睿山傳播圓、密、禪、戒四宗。其後不久，唐朝禪僧義空、道昉來到日本，開始在日本倡導禪宗。皇后桔氏特意建立檀林寺延請他們居住。

兩宋時期，日本佛教界羨慕宋代禪學而入宋者絡繹不絕，而中國的一些禪僧則為東鄰禪學的興起而激動，遂產生「遊行化導」之志，加上十三世紀中後期中國社會民族矛盾和階級矛盾嚴酷激烈，漢族禪僧懷抱「生不食元粟，死不葬元土」之志，決意東渡。於是中日兩國禪僧的交往，進入歷史的高潮。日本僧侶明庵榮西兩度入宋，回國後創建臨濟宗。一二三五年，日僧圓爾辨圓入宋，參學無準師範的禪法，回國後，大力宣傳臨濟禪，使禪宗在京畿一帶盛行起來。一二四六年，宋代天童禪僧蘭溪道隆赴日，成為鎌倉建長寺的開山。不久，日本禪僧心地覺心入宋，參徑山、阿育王山、五台山等地，回國後宣傳臨濟禪法，死後受諡號「法燈圓明國師」。一二五九年，日僧南浦紹明入宋，

參禪六年，受徑山虛堂禪師法印，回國後住鎌倉建長寺，門下弟子達千餘人。與此同時，南宋著名臨濟禪師兀庵普寧和無學祖元則渡日傳法。普寧是無準師範的法嗣，曾為杭州靈隱寺、四明天童寺的首座。無學也嗣法無準，曾雲遊靈隱寺、阿育王山等處。元兵南下時無學被捕，臨刑前坦然誦詩：「乾坤無地卓孤筇，喜得人空亦法空，珍重大元三尺劍，電光影裡斬春風。」元兵聽後頗為驚奇，於是放了他。無學在日本成為鎌倉圓覺寺的開山，死後受諡號「佛光國師」、「圓滿常照國師」。

黃檗宗形成後，黃檗山的住持相繼由中國僧木庵、慧林、獨湛、高泉、千呆、悅山、悅峰、靈源、旭如、獨文、杲堂、竺庵擔任。自龍統（第十四任）起，開始由日僧擔任，但龍統離開法席時又推舉清僧大鵬任住持；大鵬以後，百癡、伯珣、大成為清僧，祖眼為日僧。

中日禪僧的交往，不僅切磋了禪宗精義，交流了禪法思想，而且經由這種長期的歷史交往，加強了兩國文化的全面交流。中國傳統的建築、工藝、曆法以及唐宋以後的繪畫、書法等在這一過程中為日本民族所吸收。

禪宗與茶道有何關係？

　　茶葉具有提神益思、消除疲勞、清熱去暑、生津止渴等功效，十分適宜佛教徒坐禪時或午後飲用（佛教戒律規定「過午不食」）。寺院僧侶與栽茶、飲茶便有了密切的關係。禪僧於坐禪之餘，閒適無事，更與茶結下不解之緣。

　　相傳早在四千多年前中國就已知道利用茶葉治病，人工栽培茶樹也已有二千多年歷史。唐代人封演《封氏聞見錄》記北宗禪「學禪務於不寐，又不夕食，皆許其飲茶。人自懷挾，到處煮飲，從此轉相倣傚遂成風俗」。唐代南宗禪系統禪僧也重視飲茶，以至產生「趙州喫茶去」一大公案。據《景德錄》卷十載，趙州問新到僧：「曾到此間麼？」僧答：「曾到。」趙州便道：「喫茶去。」又問僧，僧回答：「不曾到。」趙州也道：「喫茶去。」後來院主問趙州：「為何答曾到也說喫茶去，答未曾到也說喫茶去？」趙州招呼院主，院主應聲，趙州便道：「喫茶去。」在各種《燈錄》中，還載有許多關於喫茶的饒有趣味的故事。

　　唐代一般採用將茶和其他佐料一起混合食用。宋人則習慣將龍腦、珍菜、菊花等香料和茶一起窨起來，香味更濃郁。唐宋時也有人喜歡將餅茶置於瓶罐中，以水浸泡，待吃之時倒入陶器中，於文火上煮沸，爾後連湯帶汁一起吃掉。故宋代對寺院茶園規定中說，「諸寺觀年多摘選到草、臘茶，如五百斤以下，聽從便吃用」。喫茶之風大約持續到明初。但今日「撮泡法」的飲茶也早已存在。

　　中國宋代禪僧圓悟克勤手書「茶禪一味」四字，他將這四字送與參學的日本弟子。圓悟的手書至今仍被收藏於日本奈良大德寺。日本茶道因此有「茶禪一味」之說。

　　「茶禪一味」之說深刻地道出了茶和禪二者之間的密切關係。唐宋禪院中專設有「茶寮」，以供眾僧喫茶；在諸寮舍司煎點茶的，設有專職，稱為「茶頭」。叢林規則，每天要在佛前、祖前、靈前供

◀陝西法門寺地宮出土唐代茶具。

茶；新住持晉山時，也有點茶、點湯的儀式；甚至還有專以茶湯開筵的，謂之「茶湯會」。日本禪寺的庭園中有「茶亭」，為中國禪寺「茶寮」、「茶堂」的發展，茶亭建築典雅，環境幽靜。被尊為茶祖的唐人陸羽，出身於寺院，三歲時為禪師收養，從小煉就一手採製、煮飲茶葉的手藝。他編撰的《茶經》敘述了茶的歷史、種植、加工以及茶具、飲茶風俗等。在陸羽之後，喫茶之風更為盛行。日本禪僧榮西入宋，回國時帶了一袋茶籽，親自在肥前（今佐賀）背振山種植。他為了鼓舞禪僧喫茶，還寫了一本《喫茶養生記》。喫茶之風首先流行於佛教寺院（尤其是禪僧中），然後普及到文人士大夫乃至社會一般民眾，這在中國和日本是一致的。在日本，自傳入中國的茶樹栽植、煮茶方法後，逐漸發展成為今日的「茶道」藝術。

宋代徑山寺盛行圍坐品茶研討禪法的行事，所用茶葉，系蒸碾焙乾研末而成，名「末茶」，又名「抹茶」。咸淳年間（一二六五～一二七四年），日本禪僧南浦紹明來中國求學，回國時將「抹茶」製法及吃法傳入日本，開創日本「茶道」之先河，至今「抹茶」仍是「茶道」所用的上品。「茶道」帶有濃郁的禪味，反映出「茶禪一味」思想。在日本，真正把喫茶提高到藝術角度的是千利休，他提出過「茶道的真諦在於草庵」的主張。草庵是獨立於房屋主要結構外的狹小茶室，室內陳設力求簡樸，使人感受寧靜、肅穆的氣氛，強調精神內在的一面。

▲ 明代丁雲鵬煮茶圖，圖中描繪了唐代詩人盧仝詩作《走筆謝孟諫議寄新茶》的詩意。盧仝一生愛茶成癖，圖中盧仝坐於榻上，雙手置膝，榻邊置一煮茶竹爐，爐上茶瓶正在煮水，榻前几上有茶罐、茶壺、置茶托上的茶碗等器具。

韓國禪宗有哪些派系？

　　韓國的佛教於西元四世紀時由中國傳入。韓國佛教禪宗，無論在法統，還是思想上都與中國禪宗有極為密切的聯繫。它經歷了三國時代、新羅時代、高麗時代、李朝時代的變遷，從發展、興盛而走向衰落。

　　最早在朝鮮半島傳播禪宗的是法朗和神行二人。法朗於貞觀年間（六二七～六四九年）入唐，從四祖道信受禪法；神行入唐，則從五祖弘忍受禪法。二人回國後傳播禪法，但未形成禪宗。其後入唐學習禪法的新羅人絡繹不絕。玄宗開元十六年（七二八年），新羅國王第三子來到長安，敕住禪定寺，後入蜀，從智詵受禪法，改名無相，安史之亂玄宗避難入蜀時曾於內廷供養。新羅高僧本如入唐後受禪法於南嶽懷讓，成為法嗣。懷讓再傳弟子西堂智藏門下有新羅禪僧道義、慧哲、洪直等。道義是韓國禪宗的真正開創者。

　　道義，原法號明寂，德宗建中五年（七八四年）入唐。入唐後，他先去曹溪禮拜，不久來到江西洪州開元寺，拜西堂智藏為師，智藏對他頗為賞識，為之改法號「道義」。道義在唐住了三十七年，回國後悉心傳播南宗頓悟禪，與先前法朗、神行等所傳有所不同，成為迦智山初祖。自道義起，入唐求法回國後弘傳禪宗的人逐漸增多，韓國禪宗進入全盛時期，出現「禪門九山」，等九個派別，分別是迦智山派、桐裡山派、實相山派、聖住山派、闍崛山派、師子山派、曦陽山派、鳳林山派、須彌山派。

　　高麗王朝時期，禪宗各派有較大發展，出現了許多著名禪師。其後，與中國佛教一樣，韓國佛教禪宗也走上禪淨一致共修的道路。

▲ 韓國海印寺藏經版殿。海印寺以保存高麗八萬大藏經聞名世界。

越南禪宗有哪些派別？

越南佛教主要受中國佛教（尤其禪宗）的影響。直至近現代，越南佛教大體均屬禪宗（臨濟宗）。可分為三大系統：毗尼多流支系、無言通系、草堂系。

毗尼多流支系，相傳為南印度僧人毗尼多流支（漢譯「滅喜」）所傳入，故名（又名滅喜禪派）。據傳，此人於西元五七四年來到中國，師事三祖僧璨，接受達摩所傳楞伽師的禪法。五八○年，他回到越南，在當地法雲寺傳法於弟子法雲。法雲住眾善寺，宣傳中國禪法。至八祖定空禪師以後，傳法世系逐漸明朗，而慧能南宗禪的特色也日益鮮明。

無言通系為中國僧人無言通所傳入。無言通，俗姓鄭，廣州人。他自稱得法於百丈懷海，也曾登馬祖道一之門。唐元和十五年（八二○年）入越南傳授禪法，歷代相承，法嗣不絕。至李朝時代，無言通禪系達到全盛，成為佛教在越南的主要宗派。直至近代，越南佛教禪宗基本還是屬於這一流派。

草堂系由中國禪僧草堂所開創。草堂禪師據傳為雪竇重顯的弟子。草堂在開國寺主要宣說「雪竇百則」（故這一派又名「雪竇明覺派」）。該系禪一時發展很快。

越南禪宗另有一派名為竹林派，這是無言通派的一個支派。它由陳朝仁宗（即「調御聖祖」）開創。西元十六世紀時，竹林派逐漸接受淨土教影響，實行臨濟禪法與念阿彌陀佛名號相結合，主張禪淨一致和禪教統一，與中國宋明以後的禪風十分相似。

▶ 越南順化天姥寺塔。

歐美的「禪宗熱」是怎樣出現的？

佛教禪宗在二十世紀以後吸引了歐美人士的注意。五〇年代至六〇年代，它開始在歐美風靡起來，出現了一股「禪宗熱」。

就美國而言，禪宗的傳入，最早可追溯到一八九三年在芝加哥召開的世界宗教會議。這次會議上，日本代表釋宗演向西方代表介紹了禪宗，給他們留下了深刻的印象。一九〇五年，美國舊金山的羅素夫婦到日本鎌倉請宗演傳授禪宗。次年他們一行三人便在美國各大城市宣傳禪宗。其後，釋宗演又派了他的三名弟子釋宗活、千崎如幻、鈴木大拙赴美宣傳禪宗。許多美國知識分子的熱情和興趣被禪宗吸引住

了。鈴木大拙在卡羅斯的幫助和鼓舞下，傳譯了不少禪宗典籍，清楚而生動地向美國公眾傳授了禪宗，收到良好效果。千崎如幻則率先在紐約建立了第一所禪院。

由於經濟大蕭條和二次世界大戰，佛教在美國的發展中斷了。二十世紀五〇年代起，美國公眾在新的社會背景下重新認識佛教。鈴木大拙從一九五〇年至一九五八年在哥倫比亞大學講授禪學，推動了美國禪學的發展。禪宗中心在美國不斷湧現，目前日本系統的禪宗中心有好幾十個，它們出版各種期刊，開展東方文化研究，從事禪法訓練，同時經營農場。主要的禪宗中心設在羅徹斯特、紐約、洛杉磯、舊金山等地。

中國佛教禪宗過去主要在散居海外的華僑以及華僑僧侶中傳播，近數十年來也逐漸傳至歐美。出生於黑龍江雙城的宣化禪師於二十世紀五〇年代由香港赴美傳授禪法，在舊金山創建「中美佛教總會」。所建道場有萬佛城、金山禪寺、金輪寺等多處。

禪宗在美國的傳播，滲透到哲學、文藝、音樂、醫學、心理學、社會學各個領域，美國學者亞米斯的《禪與美國思想》、杜姆林的《現代世界佛教》、卡普洛的《禪門三柱》、弗洛姆的《心理分析與佛教禪宗》、格雷厄姆的《天主教禪》等著作都是這些方面的反映。

在歐洲，佛教徒的數目在穩步地增長。雖然上座部佛教傳統在那裡佔有統治地位，但是禪宗在二十世紀五〇年代已經流行。許多著名大學都有研究禪宗的機構或團體，而且在逐年增多；用歐洲各種文字出版的闡述禪宗思想的著作也日益增多，還定期編譯出版了禪宗典籍目錄。大批禪宗信徒不斷前往國外禪宗寺院朝拜和修習禪定。由於信徒人數劇增，在歐洲相繼出現了很多禪寺、禪堂、禪宗學校、禪定中心、修禪兼研究中心，如德國漢堡禪中心，法國格雷茨歐洲第一禪寺，法國馬賽法華禪寺，意大利威尼斯禪宗研究中心等。擔任禪師和教師的不僅有外國人，還有很多本國人。一九七八年秋在日本東京舉行的世界佛教徒聯誼會第十二屆大會還透過決議，吸收「歐洲禪宗聯盟」作為區域中心，其機構設於巴黎。這標誌著佛教禪宗在西方的傳播及影響已進入一個新的階段。

必須指出，歐美國家的「禪宗熱」，有著深刻的社會、政治原因。西方現代科技和工業生產的發達，給傳統生活方式、思想和感情以猛烈衝擊；現代生活的速度和節奏，局部戰爭、經濟危機，也使人難以預測自己的未來。在一些人士看來，禪宗便是挽救西方精神的一劑良藥。

◀ 韓國慶州佛國寺。

少林寺為何名聞遐邇？

少林寺位於河南登封西北十三公里少室山北的五乳峰下。少林寺於北魏孝文帝太和十九年（四九五年）由印度僧人跋陀所創建。

跋陀是禪學大家，於此結徒定念。若干年後，菩提達摩也來到此寺，實踐和傳授「南天竺一乘宗」，被視為禪宗「初祖」，少林寺也因此得到「禪宗祖庭」之稱。據傳，達摩弟子慧可為求法而「立雪斷臂」也在此寺。

北周武帝廢佛時，少林寺也在被廢之列。至靜帝大象年間（五七九～五八○年），得到重建，並改名為陟岵寺。隋文帝開皇年間（五八一～五八八年），敕復原名，並賜田一百頃。唐初，因寺僧曇宗、志操等人助李世民生擒王仁則，擊敗王世充有功，少林寺受到唐太宗、武則天等人的崇敬，其後發展迅速，僧徒最多曾達到二千餘人，獲得「天下第一名剎」的榮稱。唐末、五代，伴隨北方佛教的衰落，少林寺也一度蕭條冷落。南宋淳祐五年（一二四五年），獲得中興。清雍正十三年（一七三五年），予以重修，康熙帝又為其山門題寫了匾額。

少林寺名聞遐邇的另一原因是少林武術的傳播。少林寺歷代僧眾，在漫長的歲月中，創造了以拳術棒法為主的武術。宋初，該寺福居和尚把全國各派武術高手招入寺內，經過前後三年的切磋，取各派之長，補少林之短，使少林武術臻於完善。少林武術是中國眾多武術流派之一，它不僅在中國武術發展史上佔有重要地位，而且早已越出國界，在世界武壇上享有盛譽。

少林寺規模宏大，包括山門、天王殿、大雄寶殿、達摩亭、毗盧殿等建築，以及寺西北的初祖庵、寺西南的二祖庵等。塔林是少林寺的一大奇觀。它是該寺歷代和尚的墓地。凡去世的知名和尚都有自己的墓塔，現存自唐至清末的墓塔有二百二十餘座。墓塔樣式種類繁多，造型各具特色，其形制及工藝往往視塔主在寺院內的地位或當時寺院經濟條件而定。寺中保存了許多石刻，著名的如「秦王告少林寺主教碑」、「武后詩書碑」、「靈運禪師功德塔銘」、「嵩岳少林寺碑」、「息庵禪師碑」等。

按佛教古規，寺院只有上座、寺主、維那等知事僧，沒有住持之稱。少林寺第一任寺主為跋陀，繼跋陀為寺主者是僧稠。迄於唐末五代，少林寺名義上仍屬律寺，知事僧仍名寺主，但此時的寺主已具禪院住持之實。從現有資料看，少林寺「革律為禪」即轉為禪寺當在北宋後期。

南嶽禪宗勝跡有哪些？

南嶽衡山位於湖南中部，周圍數百里，大小山峰七十二座。南嶽既是佛教禪宗的著名道場，五家七宗的發祥勝地，又是天台宗三祖慧思修習止觀之地。

南嶽衡山禪宗第一勝跡應數南台寺。該寺創建於梁天監年間（五○二～五一九年）。陳光大初年（五六七年），海印禪師曾在此修習禪法。唐天寶初（七四二年），希遷在行思處學有所得後，輾轉來到這裡。因南台寺附近有一磐石，嚴整如台，希遷便結庵其上，傳授慧能南宗禪法。當時南嶽的懷讓等都很推重他。影響所及，學者日眾，不久便成為南方禪宗一大道場，禪眾紛紛前來皈依。希遷弟子有惟儼、道悟等二十一人，後來逐漸演化為曹洞、雲門、法眼三家。所以南台寺是禪宗這三家的真正祖庭。

南嶽禪宗第二勝跡當數福嚴寺。福嚴寺古稱般若台。原寺為慧思禪師所建。慧思先在北方皈依慧文，後因東魏和北齊戰亂，乃由北方轉移南下，率徒四十餘眾轉入南嶽，於南朝陳光大二年（五六八年）建立般若寺。慧思在這裡提倡「定慧雙開」的佛教。慧思在南嶽十年的活動，對禪學的推廣有一定意義。至今寺前有「三生塔」即慧思墓。懷讓在慧能處得法後，於唐先天二年（七一三年）來到南嶽，住般若寺三十年，闡揚南宗教義，得大弟子道一。禪宗史上著名公案「磨磚成鏡」的遺跡「磨鏡台」就在該寺附近。道一在懷讓處十餘年，學有所得，乃離師去江西，獨創洪州禪，日後在其弟子手下演化為溈仰、臨濟二家。所以般若寺又是禪宗這二家的真正祖庭。此寺於北宋太平興國年間改名為福嚴寺。現寺為清同治九年（一八七○年）重建，有大雄寶殿、藏經閣、岳神殿、禪堂等建築。

◀少林寺塔林雪景。

「五山十剎」指什麼？

南宋寧宗時，根據史彌遠的奏請，定江南禪寺以等級，便有了「五山十剎」之稱。

禪宗興起以後，禪僧為求自性覺悟和印證見地、發明宗旨，展開了尋師訪友、遊方學道的遷流不定生活。時人常說天下禪僧最忙，便是指的這種「參方」、「行腳」、「掛單」活動。據傳，趙州從諗八十歲還在行腳，汾陽善昭平生參了八十一員善知識。禪僧行腳起先並無固定的去處，至唐末五代時，隨著叢林的發達，逐漸有了共同的去向。

「五山十剎」中的「五山」具體是指：杭州徑山的興聖萬壽寺、杭州靈隱山的靈隱寺、杭州南屏山的淨慈寺、寧波天童山的景德寺、寧波阿育王山的廣利寺。「十剎」具體是指：杭州中天竺的永祚

寺、湖州的萬壽寺、江寧的靈谷寺、蘇州的報恩光孝寺、奉化雪竇資聖寺、溫州的龍翔寺、福州雪峰崇聖寺、金華的寶林寺、蘇州虎丘靈巖寺、天台的國清寺。「五山十剎」成為一個時期禪僧遊方參學的主要場所。

隨著佛教的衰落和禪宗特點的消失，至明代，「五山十剎」中的大部分山剎已長久衰微。又因叢林缺乏令人仰慕的尊宿大德，禪僧及一般佛教徒的學問修養素質下降，「四大名山」乃逐漸取代五山十剎地位，成為禪僧和一般佛教徒集中參拜的地方。「四大名山」為：山西五台山、浙江普陀山、四川峨眉山、安徽九華山。明代曾有「金五台、銀普陀、銅峨眉、鐵九華」之說，以區別四山在信徒心目中的不同地位。

五台山相傳為文殊菩薩顯靈說法的道場，山中寺廟頗多，其特點為宗派混雜，只有青（漢僧所居）、黃（蒙藏僧侶所居）之分或十方、子孫之別。現存寺廟台內有顯通寺、塔院寺、菩薩頂等三九所，台外有佛光寺、南禪寺等八所。顯通寺、塔院寺、菩薩頂、殊象寺、普濟寺等主要寺院都屬禪系統。五台山至今仍是禪僧和普通佛教徒最為嚮往的名山。普陀山相傳為觀世音菩薩所住道場。北宋以後，觀音信仰盛行，普陀山寺廟漸增，僧眾雲集，至清末已有三大寺、七十餘處庵堂和一百多處茅蓬。三大寺為普濟寺、法雨寺、慧濟寺，均為禪宗寺院。每年陰曆二月十九、六月十九、九月十九為紀念觀音的重大節日，屆時各寺都舉行盛大宗教活動，香火很旺。峨眉山相傳為普賢菩薩顯靈說法的道場。歷史上曾在峨眉山傳法的多為禪僧，據傳趙州、黃檗、南泉都曾遊過該山。原有大小寺院七十餘所，幾經興廢，現存最重要的為山下第一寺院報國寺、山上最大寺院萬年寺、山頂光相寺，都屬禪宗寺廟。九華山相傳為地藏菩薩顯靈說法的地方。幾經滄桑，現存大小寺廟七十八所。其中著名的有化城寺，是最早的開山寺，現為全山寺廟中心，譽為「總叢林」；祇園寺、萬年寺、東巖寺、甘露寺為九華山的「四大叢林」。

◀ 峨眉山萬年寺山門。
▲ 普陀山佛頂山大雄寶殿。

國內著名禪寺有哪些？

寺院是僧尼日常生活以及佛教徒開展宗教活動的場所。現在，許多名山古剎還是旅遊愛好者的遊覽勝地。河南嵩山少林寺是佛教禪宗的發祥地，宗教意義不亞於少林寺的是南華寺。浙江的靈隱和天童寺也是著名的禪宗寺廟。

南華寺原名寶林寺，位於廣東韶關南六十里處的曹溪。據載，六祖慧能在得弘忍印可、密授衣缽後，在韶州曹溪寶林寺開法，傳授頓悟法門。宋開寶三年（九七〇年）賜額「南華寺」，沿稱至今。該寺歷代屢有興廢。一九三四年近代禪僧虛雲和尚任住持時大事興建，奠定今日規模。現存主要建築有頭山門（曹溪門）、二山門（寶林門）、天王殿、大雄殿、靈照塔、六祖殿等。六祖殿保存有慧能真身。

杭州靈隱寺，名聞天下。該寺初建於東晉，南宋時定為中國佛教叢林五山之一，屬臨濟宗。元、明時廢而再建。清順治六年（一六四九年）始全面重建，康熙初賜名「雲林禪寺」。一九四九年後經多次大修，已煥然一新。現存大雄寶殿為清代遺構，內釋迦坐像高九・一公尺，係用二十四塊香樟木拼接雕成。大雄殿前兩座八面九層石塔和天王殿前兩座石經幢，為吳越國時的遺物。寺前飛來峰岩石稜層奇秀，中多洞窟，洞窟內外有五代、宋、元時石刻佛教造像三百三十八尊。

天童寺號稱近代佛教四大叢林之一，位於浙江鄞縣太白山中。初建於西晉，迭

經興廢。唐大中元年（八四七年）成為禪寺。北宋時改名為景德禪寺，為禪宗著名道場。南宋建炎三年（一一二九年），曹洞宗正覺禪師在該寺提倡「默照禪」。寶慶元年（一二二五年），如淨禪師住此，當時日本僧人道元從他受學，回國後創日本曹洞宗。明代定名為「天童禪寺」，並冊封為叢林五山之一。現有房屋九百餘間，規模宏大。

位於江蘇鎮江的金山寺，相傳創建於東晉，原名澤心寺，梁武帝天監四年（五〇五年）於此設水陸法會。自唐起通稱為金山寺。宋代以修水陸法會而知名，雲門宗佛印了元禪師曾住於此。南宋後成為臨濟宗的重要寺院。清康熙、乾隆兩帝南巡，相繼於此設立行宮。民間傳說《白蛇傳》中的金山寺，據說即指此。

鼓山湧泉寺建於福州石鼓山上。五代後梁開平二年（九〇八年）初建時即名「鼓山湧泉禪寺」。為福建第一叢林，

江南著名禪院。寺院規模宏大，建築物有天王殿、大雄殿、法堂等，法堂後為神晏國師塔；兩側有客堂、祖堂、齋堂、禪堂等。藏經殿所藏經籍多為國內外所罕見，頗為珍貴。近代名僧妙蓮、虛雲、圓瑛等先後住持，故其地位日漸上升。

開元寺位於福建泉州西街，它以雄偉壯麗的石造雙塔而聞名於世。該寺初建於唐垂拱二年（六八六年），名蓮花寺，開元二十六年（七三八年）改名開元寺。歷經興廢，現存建築有山門、大雄殿、甘露戒壇、法堂、藏經閣等。大雄寶殿又名「紫雲大殿」，殿有八十六根兩人合抱的大石柱，故又有「百柱殿」之稱。雙塔建於南宋，為國內最大石塔，分別高四八公尺和四十四公尺。塔上浮雕石像，堪與敦煌、雲岡、龍門等石窟藝術媲美。

◀ 南京棲霞寺南唐舍利塔。
▲ 五台山銅閣。

國家圖書館出版品預行編目資料

佛教百科·禪宗卷／潘桂明著. --第一版. –臺北
市：胡桃木文化，2007〔民96〕
面； 公分. --（額爾古納.佛教百科；3）
ISBN 978-957-8320-86-4（平裝）

1. 禪宗 - 問題集

226.6022 95023826

佛教百科 03

佛 教 百 科 · 禪 宗 卷

作　　者：潘桂明
責任編輯：苗　龍
發 行 人：謝俊龍
出　　版：額爾古納出版
　　　　　106 台北市安居街 118 巷 17 號
　　　　　Tel：(02) 2364-0872　Fax：(02) 2364-0873
　　　　　http://www.clio.com.tw
　　　　　reader@clio.com.tw
總 經 銷：飛鴻國際行銷股份有限公司
　　　　　Tel：(02) 8218-6688　Fax：(02) 8218-6458〜9
　　　　　http//:www.fh6688.com.tw
排　　版：方野創意　Tel：(02) 2230-8611
製　　版：漢藝有限公司　Tel：(02) 2247-7654
出版日期：2007 年 2 月　第一版第一刷
定　　價：380 元
※本著作由北京日知經遠圖書有限公司（日知图书 www.rzbook.com）授權※
※本書如有缺頁、製幀錯誤，請寄回更換※